这届年轻人不好带？

[德] 安纳希塔·埃斯迈尔扎德
Annahita Esmailzadeh
等著

张莹 译

中信出版集团 | 北京

图书在版编目（CIP）数据

这届年轻人不好带？/（德）安纳希塔·埃斯迈尔扎德等著；张莹译. -- 北京：中信出版社，2023.9
ISBN 978-7-5217-5823-8

Ⅰ.①这… Ⅱ.①安…②张… Ⅲ.①管理学 Ⅳ.
① C93

中国国家版本馆 CIP 数据核字（2023）第 115788 号

GenZ by ANNAHITA ESMAILZADEH • YAËL MEIER STEPHANIE BIRKNER • JULIUS DE GRUYTER JO DIETRICH • HAUKE SCHWIEZER (HG.)
Copyright © 2022. Alle Rechte bei Campus Verlag GmbH, Frankfurt am Main.
Campus Verlag GmbH as the original Publisher
Simplified Chinese translation copyright © 2023 by CITIC Press Corporation
ALL RIGHTS RESERVED
本书仅限中国大陆地区发行销售

这届年轻人不好带？

著者：［德］安纳希塔·埃斯迈尔扎德 等
译者：张莹
出版发行：中信出版集团股份有限公司
（北京市朝阳区东三环北路 27 号嘉铭中心　邮编　100020）
承印者：北京盛通印刷股份有限公司

开本：880mm×1230mm 1/32　　印张：8　　字数：140 千字
版次：2023 年 9 月第 1 版　　印次：2023 年 9 月第 1 次印刷
京权图字：01-2023-3366　　书号：ISBN 978-7-5217-5823-8
定价：59.00 元

版权所有·侵权必究
如有印刷、装订问题，本公司负责调换。
服务热线：400-600-8099
投稿邮箱：author@citicpub.com

目录

CONTENTS

PART ONE
● 第一部分

基础篇：数字化一代的背景 /001

第一章 Z世代：未来的承载者还是令人头疼的新新人类？ /003
Z世代与他们的前辈有何不同 /005
他们是怎样变成现在这样的 /006
Z世代无须"上"网，他们本就"生"在网上 /008
万维网上无距离 /010
Z世代在哪方面领先 /011
Z世代如何与商业界产生共鸣 /012
Z世代对职场有什么期待 /014
Z世代希望成为"贤者" /017
管理者应该关注Z世代的哪些方面 /020
Z世代被解码 /022

PART TWO
● 第二部分

故事篇：如何与数字一代合作 /025

第二章 我的公司如何招揽Z世代人才？ /027
Z世代对工作的评估标准 /029
年轻态、数字化、社会性——是什么打动了Z世代 /035
为何如今的高层管理者必须理解Z世代 /043
成功的要素——雇主品牌开发 /050
你无法仅用一个水果篮赢得年轻人 /058
不积跬步，无以至千里 /065
黑色数字前面的绿色价值？为什么可持续发展正在成为招聘中的成功因素 /071
应对气候变化的斗争激发了我们的才能 /077

第三章 Z世代有什么特长？该如何让他们大显身手？ /085
到底谁在领导谁？Z世代对领导者提出新要求 /087
数字化学习如何锻炼Z世代的能力 /093
反向指导与我们的选择 /100
今日的网络塑造明日的人才 /106
Z世代的眼中，目标不是一句空话 /113
多样化是创新和潜力得到最大程度开发的源泉 /118
有移民背景的青年人才是公司成功发展的重要因素 /125

第四章　如何俘获Z世代群体？ / 131

年轻人只会对那些关心自己的品牌青睐有加 / 133
将年轻顾客变成粉丝 / 140
真实比完美更重要：社交媒体中的内容创作要遵循其自身规则 / 146
成功的企业会选择与年轻人进行交流，而不是对其评头论足 / 153
如何创立一个Z世代专属品牌 / 160
一个不争的事实：网红可以提高现代企业的知名度 / 167

第五章　什么样的工作环境才能让Z世代充分发挥自身的潜力？ / 175

激励青年人才的时代转折点 / 177
自信、开放又有理想：我们为什么需要Z世代 / 182
Z世代是未来，他们代表着希望 / 190
工作态度的代际变化 / 196
为什么Z世代更喜欢亲力亲为，而不是求助于他人 / 201
每家公司都需要内部创业，也需要Z世代成员进入董事会 / 209

PART THREE
● 第三部分

行动篇：与Z世代合作重塑商业环境 / 225

第六章　与数字一代合作的倡议 / 227

PART ONE

- 第一部分

基础篇

| 数字化一代的背景 |

CHAPTER
ONE

__1

第一章

Z世代：未来的承载者还是令人头疼的新新人类？

在一些人眼中，Z世代潜力巨大且承载着人类的未来；而在另外一些人眼中，他们特立独行，甚至彻底颠覆传统——这就是在1995—2010年出生的所谓的Z世代。以2022年为统计标准的话，Z世代是年龄在12岁至27岁之间的群体。这一群体数量庞大，据官方统计数据，德国现有1100多万人口属于Z世代，在奥地利和瑞士，这一群体的数量也都接近140万。

Z世代群体中，很多人仍然在接受中小学、大学或职业教育。当然，还有一部分人已经进入职场。我们应该更清晰全面地了解Z世代，不是吗？比如，了解他们对生活和工作的期望及对职业的喜好，了解他们具有怎样的能力，了解他们属于什么样的群体以及什么能令他们兴奋，等等。不过，实践起来也并不容易。因为,如果仅从远处观察这一群体,我们就会感到自己仿佛在雾里看花,有所见,却又无所得。

本书撰写的目的在于,通过细致的观察,慢慢走近 Z 世代,尝试描绘这一群体的真实形象,将已有的模糊印象变得更加清晰,而且能够随时解决其间出现的问题。按照人力资源经理的说法,我们面对的是有史以来最能干的年轻人抑或最不忠诚的打工仔。与轮廓鲜明的 X 世代或 Y 世代不同,各界对 Z 世代的看法趋于两极分化,且不同的观点会因视角不同交替出现。那么,哪种观点是正确的呢?我们以此为切入点,开始本书的探索之旅。

Z 世代与他们的前辈有何不同

一

Z 世代,又被称为数字原住民或者极速民(Zoomers)。他们与前辈最大的不同体现在对互联网的高度依赖和自如使用上。1965 年至 1980 年间出生的 X 世代创造了万维网的虚拟世界。而 X 世代的继任者——Y 世代,即 1981 年至 1995 年出生的人,将网络市场化,并把网络社交媒体带入大众的日常生活。Z世代则真正地将互联网视为自己的家园并将网络生活当作自己现实生活的一部分。在网络空间中，他们既不得不经历网络黑暗的一面，比如生存的需要、关系的压力、自我优化的压力，又充分享受着网络阳光的一面，比如钞票飞舞、小鹿乱撞和"你真他妈的酷"这种成功的感觉。知识与感觉、亲密与距离、情绪的起伏与波动……他们只需坐在沙发上，轻触屏幕，就能在网络空间中体会到现实生活中的一切感受了。

这就是人们需要了解的关于Z世代的最重要的特征，也是Z世代所展现给我们的与众不同的一面。而我们在听到、看到或了解到关于这些年轻人的一切时，都应该记住这些显著特征，并了解它（们）产生的原因以及存在的内在逻辑。

他们是怎样变成现在这样的

一

每一代人都是由其成长的时代所造就的。集体记忆塑造了个人对社会和经济的理解。举例来说，Z世代的年轻人在过机场安检时，不会这样想："这里检查得这么彻底，真好！"因为他们不曾经历"9·11"恐怖袭击事件。相反，令他们困惑的是：既然大家都知道由此产生的二氧化碳排放对气候的危害如此之大，为什么还会有这么多人乘坐飞机呢？他们会对乘坐飞机产生一种愧疚感，换言之，当以50欧元的价格从柏林飞往巴塞罗那时，他们会受到良心上的谴责。

正如法兰克福未来研究所的观点，可持续发展"并不是一个被夸大的时髦术语，而是一种已经内化于心的态度"。在饮食方面，他们更倾向于放弃肉类和方便食品，选择素食或纯素食产品作为自己的日常饮食。当然，对于干旱地区来说，这些素食类食品会消耗大量的水并给当地气候带来负担，这个问题也不容小觑。确实，Z世代群体容易自相矛盾，不过，我们也知道，世上本无完人。

如果要为Z世代配上一个图标，那么智能手机应该是最佳选择。当父辈因为工作所需，逐渐适应并融入数字化的时候，Z世代已经整日智能手机不离手了。对于Z世代来说，带有应用程序和混合技术的联网手机不再是令人兴奋的创新，而是他们童年的一部分，是其成长过程中不可或缺的东西。他们甚至在蹒跚学步之时就已经学会使用移动电话和平板电脑了。相比之下，笔记本电脑则是为成年人和工作准备的。《2019年壳牌青年研究报告》的最新调研结果表明，70%的年轻人会使用智能手机上网。根据受访青年的自我评估，他们平均每天上网的时长约为3.7小时（倘若从他们的父母处了解，这个数值则会翻倍）。这个数据不受性别、年龄或社会背景等因素影响。对于Z世代来说，在网络上消耗大量的时间极为正常。为什么不呢？毕竟，网络是他们的第二个家园。

Z世代无须"上"网，他们本就"生"在网上

塑造Z世代的第二个要素是社交媒体。这些正介于12岁至27岁之间的年轻人是在Facebook（脸书）、YouTube（优兔）、TikTok（海外版抖音）和WhatsApp（瓦次普）的影响下成长起来的。他们通过这些媒体来结识同龄人、了解世界、接近名人、轻松又快速地赚钱、推广和发现新品牌或寻找新思路。他们早已跳出电话联系这个传统方式的藩篱，更多地通过即时通信服务软件与朋友保持联系。

社交媒体就像一条条无形的纽带，联结着Z世代群体以及其他陌生群体。他们在社交媒体上收发信息、观看视频、娱

乐休闲，他们可以不断变换自己的（称呼和）身份。数字空间里的帖子、推文和故事都是他们彼此的沟通方式。对于Z世代来说，与他人分享自己的私人生活并不断收到反馈，是再正常不过的事情了。战略咨询公司OC&C在其研究报告《无国界的一代——Z世代的到来》中一言以蔽之："这些年轻的成年人和青少年无须'上'网，他们本就'生'在网上。"

来自《2019年壳牌青年研究报告》的数据表明，互联网是Z世代获取政治信息的最主要渠道。Z世代群体中20%的人不时地或者定期访问新闻网站。我们从ZEAM（Z世代代理机构）和Link（德国市场研究公司）在2022年发布的研究报告中获悉，现今只有不足50%的Z世代购买报纸（无论是电子版还是纸质版）。与之形成鲜明对比的是，社交媒体类产品平台上的信息正在被越来越多的人阅读。这个调查结果不足为奇。根据最新研究，85%的Z世代以每周至少一次的频率在这些社交媒体中观看视频。

不过，传统媒体尽管使用率较低，但仍是Z世代最信赖的媒体。50%的年轻人不相信YouTube上发布的信息，超过66%的Z世代不信赖Facebook，Twitter（推特）也被认为是不太值得信任的媒体。这个结论显然会对媒体的使用频率产生影响。对于那些自称对政治特别感兴趣的Z世代来说，社交媒体不太可能满足他们获取权威信息的需求。

万维网上无距离

一

　　Z世代已经跳出了地理距离的藩篱。在浩瀚无垠的网络社交媒体中，他们不仅能看到邻居家的孩童，还能领略来自世界各地的同龄人的生活。没有了地理位置的局限和疆土的限制，他们俨然成为真正实现全球化的一代人。Z世代不断地从外部寻求并汲取养分和动力，他们因此变得越发活跃，很多人甚至已经加入了创业的队伍。13岁的孩子就能从互联网的信息中找到无数个灵感，为自己的计划添砖加瓦，成为励志的模范。"付诸行动"和立即赢得大量关注也变得前所未有的容易。气候保护运动就是这样诞生的，比如"未来星期五"或"最后一代倡议"，通过街头巷尾的宣传和互联网上声势浩大的运动，短短几天，这些活动的发起者就在德国各地找到了数百名并肩作战的伙伴。通过这些草根运动，原本的草根实现逆袭，完美地展现了自己的聪慧甚至天赋。谁敢断言一棵幼苗未来不会长成参天大树呢？

Z 世代在哪方面领先

一

青少年以及年轻人正在通过数字设备和媒体实现自己的社会化，因此，他们对于超级酷的设备或应用程序持开放的态度，他们不仅乐于接受，而且能很快娴熟使用它们。毕竟，这些可能带来一种新潮流——那些错过新事物的人不可避免地面临退出网络江湖的风险。另外，防止自己被排除在集体之外的一种方法是炫耀性地表达自己对新事物的蔑视，借此使自己不仅能够跟随潮流，还能自成一派。

来自法兰克福未来研究所的特里斯坦·霍克斯认为，Z 世代是"我们在职场中见过的受教育程度最高而且女性比例也最高的一代"，当然，这种优势也得益于他们对电子技术的熟练掌握。《2019 年壳牌青年研究报告》为此提供了佐证，研究中称赞他们"获得文理中学毕业证书或应用技术大学毕业证书并进入综合大学学习的比例有所提高"。具体数据如下：2002 年，约有一半的学生就读于实科中学和普通中学，现在，这个比例已经降至25%，目前就读于文理中学的学生比例已经达到47%，比2002年提高了6个百分点。在此期间，就读于综合大学的学生比例大幅上升，达到26%，比2002年翻了一番。

Z世代如何与商业界产生共鸣

一

12~27岁的群体是企业尤为青睐的潜在客户，年轻化的特征使企业家们相信这些客户具备更为有益的终生商业价值。按理来说，拥有这类客户的企业可与其共建一段长期有利的关系。但理论与现实却背道而驰，因为传统的广告类型难以吸引Z世代。新潮的广告与社交媒体才是他们的心头好。与前几代人相比，这些新兴媒介更容易激发Z世代对新型产品与服务的好奇心。但当每个人都了解或使用过这些"热门货"时，他们又会对其嗤之以鼻。普华永道企业调查在消费者研究的相关部分以"Z世代正在畅谈，您在听吗？"为主题进行了探讨，从2020年对2000名年轻人的代表进行的相关调研结果中得出以下结论：Z世代群体特征明显，他们总是在网络上流连忘返，毫无耐心又吹毛求疵，但对身体健康和环保问题津津乐道。

若说这个苛刻的客户群体在不断壮大也无可非议。传统的营销策略很难满足他们对新鲜潮流的追求，因为他们在追赶时尚的过程中遵循"要么拥有一切，要么抛弃一切"的价值理念。这也说明了为何网红营销能带来良好的效果。来自 ZEAM 和 Link 的数据显示，3% 的婴儿潮一代和不到 16% 的千禧一代[①]在购物决策过程中会受网红影响，但 Z 世代受网红影响的人群比例高达 40%。带货主播很大程度上能影响 Z 世代的购物意愿，因而该买什么不该买什么也变得清晰明了。法兰克福未来研究所在《全球世代声明》中讲道："在后物质主义时代，与金钱等物质财富相比，年轻人更注重经验感、满足感和参与感。在这个社会中，游历世界、享受生活、智力交流与精神世界的发展要比昂贵的汽车和名牌手表更具有吸引力。"

不过，凡是认为 Z 世代重视内在价值而忽视外在条件的人都会在现实中刷新认知。一定的物质基础，被 Z 世代视为结交朋友的重要因素，且不会轻易改变。在大学毕业或完成培训进入职场后，他们的这种态度也会反映在对工作的选择上。现在就让我们一览全貌。

---

① "千禧一代"即 Y 世代，一般指 1981—1995 年出生的人。——编者注

Z世代对职场有什么期待

一

Z世代群体中相对年长的那部分人或仍是职场小白，或经历摸爬滚打，刚刚积累了一些职场经验。到2030年前后，婴儿潮一代面临退休，而目前处于12~27岁的Z世代和千禧一代将成为职场的主力军。这群年轻人知道自己即将成为职场的中坚力量，对此，他们也都愿意埋头奋斗。不仅如此，他们的价值观也影响着职场现状。因而，企业应该了解这一代人对工作及自身的期望。

令人惊讶的是，Z世代有些"清心寡欲"，对一切都没有过高的期盼。哈姆（Hamm）公益组织的"创业青年"项目（Startup Teens）发布了一项相关的调查结果。2022年4月，创业编码数字教育平台对4000多名16~19岁的青少年做了相关调研，想了解他们的学校教育、职业抱负和个人职业技能以及独属于Z世代的对理想工作的看法。他们的回答出乎意料。与前几代人不同，近70%的年轻人说不出自己的理想工作。

此外，在"你能想象自己未来会接管一家公司吗？"这个问题上，有20%的年轻人表示肯定。"创业青年"认为青年一代有明确的创业想法。"2018年德国有320多万家企业。今后谁该接管并将这些企业发扬光大呢？"基于对这个问题的考虑，该平台主张学校应该设置有助于"创业精神"培养的相关课程。

创业的前途是不可估量的。因为有62.8%的受访青年会想象未来的某一天自己能承担企业管理者的责任。有一半人认为未来建立自己的企业并非白日做梦。他们清楚自己能够担此重任。可喜的是，74.4%的受访者表示想多学一些技能来实现自己的心愿。

ZEAM和Link在对Z世代的研究中还得出了其他结论：这代年轻人不仅看重友好的工作氛围、有趣的工作内容和可靠的工作保障，而且对工作的意义也极为重视。因为这代人一直在强调"动机""快乐""兴趣""责任""可持续性"等内容。这说明他们与前几代人趋同的一点是，都想从工作中有所收获，显然这也是激励Z世代的内在因素。

关于动机问题也有机构做了研究。《2019年全球人才研究》的调查结果显示，每两名商业管理学院的学生中就有一人希望获得领导者职位，另外的学生则对涉及跨国业务的相关工作充满期待。我们可以断定Z世代与X世代或婴儿潮一代很相似吗？答案是否定的，来自 Zenjob（德国在线招聘公司）的《未来工作研究报告》中对此做出了明确回答。Z 世代真正追求的是自我决定、自我认同，他们渴望参与有意义的活动，并接触形形色色的人。"相比传统的职位招聘广告，这代人更喜爱社交网站上的广告形式。"那么，这代人究竟是想在职场中一展身手，还是躺平，抑或热衷于拯救气候呢？他们的喜好让我们不断猜想，却又不得要领。

其实，他们什么都想尝试。作为对失去自由时间的回报，Z 世代不仅想挣足够多的金钱来慰劳自己，还想做一些有意义的事情来弥补，无论是帮助他人，还是解决有关动物或自然的问题。这代人并没有什么要求，他们只是做一些切实的工作，来解决诸如减少饥饿人口、降低童工比例等现实的问题。因此，工作是否有意义就顺理成章地成为这代年轻人签订就业合同时的重要评判标准。在没有得到确切的答案之前，他们不会贸然签字。毕竟，这关乎他们的原则。

德国联邦环境局每年都会发起一项代表性的调查研究，以了解德国年轻人对环境和气候问题的态度。2018 年，64% 的受访者认为这个问题"非常重要"。2019 年，这一回答的比例上升到 68%。当然也有人持相反意见。2021 年，仍然有 65% 的人认为环保和气候是"重要的挑战"，也就是说，每三个人中就有两个人对此深信不疑。

生态理念的强盛势头也影响着经济社会。2020 年底，Kununu 雇主门户平台对名列前茅的几大环保公司进行排名，并收到了创纪录的建议。同年，一家人力资源管理杂志以《雇主的环保意识》为题刊登了克尼斯坦纳集团的一项调查，得出如下结论：求职者是否选择这家企业与该企业的环保意识和态度密切相关，他们将其与自己的价值观进行比较，如果二者存在差异，求职者就不会选择该企业，但如果这家企业管理者的环保态度积极明确，他们就会一拍即合。

Z 世代希望成为"贤者"

一

求职者对氛围和谐又关心环境问题的公司赞不绝口。在他们眼里，得到有关人权和可持续性问题的答复甚至要比获取薪资酬劳更重要。Z 世代希望成为令人骄傲的"贤者"。如果他们所在的公司没有处理好社会问题或环境问题，这代人并不想装傻充愣地进行逃避，因为他们不愿接受键盘侠的冷嘲热讽。倘若在他们就相关问题向公司提出批评意见后，公司仍未能给出满意的答复，他们就会义无反顾地离开。为此，企业的人力资源部门必须得有所准备。

2021年5月，致力于帮助学生寻找兼职工作的门户网站Zenjob对在德的约1200名Z世代和500名千禧一代的年轻人进行了关于未来工作选择的调查，结果符合预期。这代人非常关注企业的"工作宗旨"和"核心价值"。这意味着年轻人可从中判断公司的可持续发展状态和社会责任，不仅如此，他们还希望给管理者带来创新理念和开放性态度。在工作中，他们有多样化的个性需求、追求无阶层化的管理制度以及丰富的团建活动。当然，升职加薪也很重要。但即便这些要求都能一一得到满足，Z世代也不会欣喜若狂，因为他们觉得这不过是对出卖自由时间的一种补偿罢了。此外，他们还坚持到点就下班的原则。

这代人在平衡工作与生活的问题上莫衷一是。ZEAM和Link的研究显示，一半受访者希望他们有固定的工作时间，但另一半人希望他们可以灵活支配工作时间。工作与个人生活的分配状况也是如此。虽然78%的人希望能明确地将工作与私人生活分隔开，但对Z世代来说，70%的人认为这是无所谓的事情，他们在假期也能工作。这代人认为重要的是可以自由行动。他们之中有83%的人希望能够自由支配时间，能够按照自己的节奏工作。不过，一旦如愿，他们却又发现自己变得磨磨蹭蹭，很难提高效率。因而其中有一半人认为他们的心愿也只是随口说说而已。

弹性工作时间和兼职工作吸引着每一代人，同样，大家都不喜欢与他人共用一张桌子办公，也很排斥多人挤在一个空间内办公。但与前几代人相比，Z世代的厌恶情绪并不强烈，他们反而更能接受这种工作环境。从众包工作中也可看出差异，Z世代更喜欢这种方式。总而言之，Z世代对新的工作形式持更开放的态度。

Zenjob还调查了他们对其他事情的看法：Z世代的大多数人看重实事求是和开放性的企业文化，他们非常希望自己得到认可，因而对相关领导来说，这是很大的挑战。

但可以明确的是：工作虽是Z世代生活里不可或缺的一部分，但并不是他们的终极理想。在他们看来，打理好日常的方方面面更重要，而工作只是其中的一方面。年轻人的最高目标是工作与个人生活的兼容，他们希望自由掌控时间和工作内容，想要在多样的工作形式中大放光彩。除此之外，还有半数人渴望获得一份稳定的工作。与大型集团相比，这代人中的大多数更愿意选择中等规模的企业。因为这些企业可以满足Z世代对安全感的需求，在这里他们可以找到家的感觉。Zenjob的调查结果显示，仅有20%的年轻人愿意去大型集团上班，而25%左右的年轻人选择了创业或自由职业。

"从我们的调查中可以获悉，未来的员工更注重企业的态度和价值观，"Zenjob总经理弗雷德里克·法宁（Frederik Fahning）做出总结，"这代人希望管理者能够以身作则，并提供足够的空间，使他们既能为公司的发展效力，也可以拥有自己的生活，并能够进一步自我提升。"法宁认为，Z世代并不想躺平，相反，"他们想有所作为"。

管理者应该关注Z世代的哪些方面
—

Z世代承载着未来。目前，很多产业出现严重的劳动力短缺，而Z世代毫无疑问地成为相关企业的希望。员工是企业的重要组成部分，因此，企业管理者也应该知道如何对待员工。智能手机和社交网络的兴起影响了Z世代的心智。他们早已习惯互联网的更新速度以及处理热搜的态度。他们就是在网络时代成长起来的一批人。

Z世代对职场的憧憬也是如此。他们希望凡事都能得到快速反馈，例如公司的面试结果。他们总是通过网络来谋求职位，而不会在报纸上寻找招聘广告。此外，Z世代对不同地位的人也有一套自己的处事风格。他们尊重管理者，但有时也会对其有所调侃，不会让人觉得他们是上下级关系。虽然刚进入职场的小白们还会遵循公司的等级制度，但与前几代人相比，他们更愿意质疑这种结构的合理性，并尝试突破这种地位桎梏。比方说，他们可以大胆提议并追求创新。他们对前辈发出呐喊，想在"请认真对待我！听听我的意见！"的呼声中让前辈聆听他们的心声。

在一些重要事情的处理上，前辈们觉得凭借自己多年的经验可以巧妙快速地做出应对，但他们也清楚是时候让年轻人接手了。来自"创业青年"平台的《Z世代研究》调查结果显示，有93%的青少年并不知道什么是内部创业，也就是说，他们不知道企业员工可凭投资人的身份在企业内部进行创业，尽管自己还是打工人。对此有学者进行了反思，提出学校是否阻碍了Z世代的创业精神呢？提供培训和实习的公司是否无法给年轻人提供足够的自由？有些前辈不愿放手，也不重视年轻人（发自肺腑）的意见，这样做是否有些过于自信？归根结底，还是因为他们对Z世代的了解太少，毕竟Z世代对工作和生活的期望与前几代人并不全然相同。

Z世代被解码

一

本书收纳了27篇文章，作者大部分都属于Z世代。他们从不同世代的角度来分析和解释Z世代，并展示了Z世代自我营销的良好效果，以及Z世代是如何在与不同年龄段的人合作时擦出火花的。他们描述了各自的经验和看法，并对下列主要问题提出了具体建议：1.我的公司如何招揽Z世代人才？（招聘者的想法）；2.Z世代有什么特长？我该如何让他们大显身手？（管理者的考虑）；3.如何吸引Z世代这个群体？（市场营销领域的策略选择）；4.什么样的环境能让Z世代充分发挥其创业潜力？（企业文化与内部管理的升级调整方向）。

安纳希塔·埃斯迈尔扎德编辑［微软（德国）客户关系主管］、雅艾·迈尔和乔伊·迪特里希（ZEAM 机构的联合创始人）、斯蒂芬妮·伯克纳教授（奥尔登堡大学未来公司研究所首席执行官）、朱琉斯·德·古伊特（咨询平台 Krisenchat 的联合创始人）和豪克·施威泽（"创业青年"平台和"Z 世代人才"的联合创始人兼总经理），联合其他知名作者探讨了该如何为 Z 世代打造当下及未来的商业帝国。他们从现有经验出发，共同为决策者提供宝贵意见。其目的是了解如何与 Z 世代密切合作，来迎接时代的挑战。

所有作者都化身为虚拟人物，这种现象在未来会非常普遍。随着元宇宙的出现，更多的人会在虚拟世界中直接交流互动，而且每个人都将被赋予多个身份。如今，Z 世代似乎已经表现出行为与态度的差异化特征。

本书发行人以及作者的收入将全部用于公益组织"创业青年"之中，这个组织提供了德国最全面的创业和编码数字教育平台。

PART TWO

- 第二部分

故事篇

| 如何与数字一代合作 |

CHAPTER TWO

2

第二章

我的公司如何招揽 Z 世代人才?

Z 世代对工作的评估标准[①]

[①] 本文作者是莫娜·加齐。她是傲特玛（Optimo）的联合创始人和首席执行官，在创业和教育领域付出了极大的热情和努力。为了促进生产部门员工跟进工业 4.0 标准并互相交流知识，莫娜·加齐专门建设了一个平台。她的最终目的是使员工通过网络终身学习，充分挖掘自身潜力。

传统制造业如何吸引 Z 世代人才？

我想写一写我的那些即将毕业的朋友。他们处于学业的最后一学期，正面临着职业规划和职业抉择。我想在此谈谈他们做出决定的动机，以及他们在求职中的兴趣点。

除此之外，我在与中型制造企业的合作过程中发现，这些公司严重缺少技术工人。而我们傲特玛公司为这些企业员工提供了继续教育服务。因此，我也想谈谈这些中型的较为传统的企业是如何成功吸引 Z 世代人才的。我们的客户颇受 Z 世代的青睐，在此分享一下原因。

从学生视角看择业之路

2022年4月，在柏林和北莱茵-威斯特法伦州，我的朋友们都是年龄介于21岁到25岁之间的学生，他们正面临着人生中的重大考验——进入职场。其中，凯的故事最为突出。

凯的专业是市场营销，当时正在申请初级专员职位。他认为最重要的是能获得一份既快乐又充实的工作。与前几届毕业生不同，他不太关心薪酬和升职空间。像我们这个年龄段的大多数人一样，他也想在工作岗位上积极为社会及环境做出贡献。当下这样的状态通常被描述为"后浪担当"。

凯向三家不同类型的公司投递了简历：一家虚拟现实公司、一家食品科技创业公司、一家太阳能研发科技公司。这些公司都在积极承担社会责任，珍视自然资源，可以说，它们的影响力涉及整个社会，而非某一行业。

本案例研究中的其他参与者多为傲特玛的客户，以北莱茵-威斯特法伦州南部与东部农村的中型制造业公司为主。它们是如何受到像凯这样的求职者青睐的呢？

吸引人才的三大措施

从朋友们的求职选岗过程中我得到了一些经验，这尤其适用于那些劳动力严重短缺的制造业企业，为顺利吸引Z世代的求职者，建议企业管理者将这些经验牢记于心。

提供学习机会　这是一大重要因素，Z世代看重个人素质的培养及工作能力的提升。首先，他们希望在上级领导或管理人员中有一个他们认可并愿意向其学习的榜样。

作为傲特玛的一大客户，玛琅泰克（Marantec）集团在这方面做得十分出色。该集团的首席执行官积极从事公益活动，在社交媒体上非常活跃，并公开支持改变工作场所，使工作场所变得更加灵活。她通过与创业平台的合作鼓励员工创新。同时向外界诚恳宣传公司的发展愿景。她也利用领英等社交媒体吸引人们对其公司价值理念的关注。

创造积极影响　企业应该足够"酷"才能吸引Z世代。这意味着企业不仅要在广告宣传中传达积极价值观，同时还需要在现实中努力践行。而可持续发展绝不是对旧事物的延续。相反，应积极确定企业发展目标，并通过措施进行贯彻，如确定一年之内要减少X%的废物排放量，减少企业对环境污染的影响，或在社会问题上做出表率。对此，联合国可持续发展目标为各个企业提供了标准。

打造良好的企业品牌 在社交媒体中成长起来的Z世代自然想在这里展示自己。在选择雇主时，我的朋友们也会留意他们所认同的价值观并将其分享在社交媒体上。工作是一种生活方式，在"你是做什么工作的"这个问题上，他们更喜欢这样回答："我的公司会让世界变得更美好，大家都在为此不辞辛劳地工作。"

让工作成为一种生活方式

Z世代有选择工作的权利，这是关键所在。他们并不着急寻求机会，不着急挣钱，不着急规划职业，更不着急在职场上获得晋升通道以实现自己的阶级跨越。在他们眼中，公司的车辆完全是工作的工具，他们更愿意选择步行或骑车上下班。Z世代求职者很有个性，他们热衷于了解这个大千世界，并希望做出有意义的人生决定，而不仅仅是找一份工作。他们想要有所成就，更希望把爱好变成一种职业。

公司不能再原地等待求职申请，必须绞尽脑汁地吸引这些求职者，尽力满足他们的需求，迎合他们的价值观。今天，许多雇主需要主动招揽人才，而不是等他们来挑选。公司的资质越高，需求越大，情况越是如此。

今天的情况并不意味着传统行业与制造行业的一切都会消失殆尽。它们对人才的需求量也很大，同样，每年也有很多毕业生进入职场寻找理想工作。如果这些公司愿意向Z世代展现自身优势，这些毕业生自然也会有所选择，如此双方皆可受益。

年轻态、数字化、社会性——是什么打动了 Z 世代[①]

[①] 本文作者是纳里·凯勒博士。她是大众汽车集团旗下的汽车软件公司（CARIAD SE）的战略项目经理，也是《移动的流动性》（*Mobilität in Bewegung*）一书的作者。她曾在大众汽车集团担任社会可持续发展项目的主管，亲自制订并管理一个针对年轻人的数字社会创新的全集团计划。

公司如何与年青一代取得联系

在过去几年里,一个项目使我有机会和Z世代进行深入合作。刚开始,我以为自己做起来会得心应手。不承想现实给了我当头一棒,我面临着诸多挑战,还险些跳进陷阱之中。但今后这个领域内会有更多话题。

这个项目是想建立一个可讨论数字化未来和社会未来的年轻人社群。这是大众汽车集团兑现社会承诺的体现之一,它鼓励年轻人就社会创新提出新想法,并为这群人提供相应的解决方案、解决工具、相关概念和内容。这并不是招聘措施,因为目标群体还太年轻。我们是想认识和理解新一代人群,并与他们展开交流，如了解格蕾塔一代（die Generation Greta）[①]有什么特点。

为全面了解他们，我们为这个项目创立了自己的品牌，在学校和社交网络上结识了一些学生，并利用一切机会通过各种活动和事件进一步接触他们。

定期举办竞赛是该项目的核心，我们始终与联合国2030年议程规划的17个可持续发展目标保持一致。在这一目标指引下，我们想去了解年轻人对什么充满热情，他们在空闲时间想做些什么。我们鼓励他们分享自己的想法，与有影响力的人合作，提高对提出的挑战的认识。我们对17个可持续发展目标的背景进行了介绍，并提供了令人兴奋的奖品。第一届挑战赛就有近600名年轻人以小组形式报名参加并分享了他们的想法。我们邀请德国的15个顶尖团队前往沃尔夫斯堡参加决赛：在"推销之夜"上向评委和观众展示他们的想法。

[①] die Generation Greta 是指以瑞典环保女孩格蕾塔为代表的对抗气候变化、呼吁保护环境的年轻人。——译者注

激发分享想法的渴望

现场漆黑一片，约 200 名宾客在科学剧院里等待着，从低到高排列着的长椅上坐着观众和参赛选手，会场上的每个人都能看到舞台。但这并不能完全消除各队的紧张。

主持人欢迎现场来宾、评委以及进入决赛的队伍。之后他们展示并讲解了各自的想法，包括改善共同生活、减少贫困和共同保护环境等。

各队提交的创意简介让人印象十分深刻。有选手借助幻灯片滔滔不绝地介绍，其专业程度让人们差点忘记他们还是学生，稍不留神就会将他们视为久经沙场、滔滔不绝地介绍自己想法的创业者。还有年龄更小的参赛选手，他们神采奕奕，独具魅力，引起了评委的极大兴趣。

评审团对不同团队进行评估，这并非易事，毕竟他们都过关斩将，进入了决赛。

吸引 Z 世代的精神 / 物质奖励

听起来，似乎一个征集意见的号召就足以让大量的年轻人参与进活动。如果你这样想，我就有必要做出更详细的解释。

事实上，只有个别活跃分子能够积极报名。想让更多的年轻人都参与进来可不容易。幸好，我们很快就意识到要想与更多的年轻人进行交流并鼓励他们参与比赛，就必须采取多样的方式。

也有一些才华横溢者期待能有一些机会来展示自己的想法，而且这些想法往往很有价值。其中一些想法十分周全，已经可以成为商业模式，并最终实现其社会价值。他们制作的PPT都十分专业，无论是图片的选择、视频动画的制作，还是文字的搭配以及文件链接的设计都非常引人注目。

不过，我们刚开始与许多学生接触时并非毫无障碍。并不是所有人都有感兴趣的话题，也不是所有人都为改善环境、推动社会发展做出过贡献。许多学生就是普通的青少年，他们还在期待下午的放学时光。在完成作业后，他们才会想起去做自己感兴趣的事情，或只是简单地听听（舒缓又放松的）"流行音乐"。甚至还有人质问我们，他们为什么要耗费大量的时间和精力去参加这场比赛。

或许没有一种万全的方法让年轻人参与到这场需要付出额外努力的活动之中。在访谈后我们发现，有人确实认为一些话题很重要，即使他们还没有意识到自己对动物保护感兴趣，会特别关注那些流浪猫狗等无家可归的动物，他们会定期看望祖父母，帮助邻居采购，我们由此萌生了一个通过积分来鼓励大家参与进来的想法。

而另外一些人之所以愿意参加比赛，还有其他因素的影响，比如物质奖励（前提是奖励能引起他们足够的兴趣）、评委（前提是其中有名人或影响力大的人），获胜的团队将在专业人员的帮助下进一步完善他们的思路和想法。或者，一张获奖证书也可能成为今后实习申请的加分项。另外值得一提的是，他们的指导教师有时也会在小组中做出贡献。

任何参赛理由都应该得到重视，这对Z世代来说也是一种激励。如果仅由年长者来决定主题、奖项、评委或突出的贡献者，这个项目就不太可能成功。我们需要与年轻人对话，倾听他们的意见，只有通过这些方法，我们才能做出合适的决定。同时，我们还要在选择和决定中不断进行反思。毕竟我们习以为常的、自认为好的或正确的事情在这些年轻人眼中可能完全相反。他们给出的反馈虽然是批评性的，却十分中肯，至少有助于我们获得激励Z世代的机会。

向 Z 世代请教的机会

我们是按照设计思维的原则开发赛制的。从角色（也是 Z 世代的典型代表）开始，我们的方案在多次反馈和直接交流中不断得到完善。

作为组织方，我们尽可能尝试与 Z 世代共同制订方案并讨论各个细节，从项目名称、标志、颜色，到主题和奖项设置等方方面面。但有时我们也会遇到必须立刻拍板的情况，这就会出现因时间紧迫而无法与年青一代心平气和交流的困境。因而，我们提供的 3D 打印机奖品就没能如预期那样赢得诸多好评。此外，我们在组建评委团时应该邀请一些 Z 世代眼中的知名人士，即便这些人对于我们这个年龄段的人来说并没有那么出名。

对于我们来说，与知名博主合作也是一个新方向。一开始，我们相信他们的经验，并尽可能少地为他们设限。但在进一步合作中我们发现他们会发布一些污言秽语，这使我们不得不进行干预，要求他们提前发送相关内容给我们审核。

然而，让我收获颇丰的是比赛及其他准备环节的成功进行，当然，这离不开整个团队热情饱满的工作态度，以及与 Z 世代的充分交流。他们总是不厌其烦地对已有观点进行质疑，同时也愿意虚心向Z世代请教。为让学生们对这个项目感兴趣，他们一直在竭尽所能，全力以赴。

与年青一代的接触让我们乐在其中。为与他们共同制订方案、落实服务，我们愿意了解他们，愿意从多方面认识他们。因为只有这样，才有可能在两代人之间架起一座桥梁。

为何如今的高层管理者必须理解 Z 世代[①]

[①] 本文作者是劳拉·博尔曼。她是西维·多特蒙德公司（REWE Dortmund SE & Co.KG.）的人力发展主管，在此主要讨论 Z 世代的工作价值观和工作要求，她主张建立一个以人为本的新型工作世界。德国《人力资源杂志》将劳拉·博尔曼评为 2022 年度最具影响力的人力资源师。

不断变化的工作需求迫使企业重新定位

几周前,我的一位 25 岁的团队负责人信誓旦旦地告诉我:"若疫情暴发后我每天还得来公司上班,那我会辞职的。"如此自信的言论正显示了 Z 世代的特征,他们对工作的要求完全颠覆了以往的规则。在许多管理者看来,这些要求有些苛刻,有些人甚至认为他们的要求非常过分。这位 25 岁的女孩儿希望自己决定工作地点和时间,而且似乎也没有人比她更有资格对此做出评判。但这还不是全部,对她来说空闲时间也很重要。她擅自将每天下午三点后的时间设为"休息时间",在此期间谢绝任何预约请求。我想她应该没什么职业追求吧?但情况恰恰相反：她甚至从没想过工作时间可能会对其未来的职业生涯产生影响。毕竟她的工作业绩很好，她只是不想沿袭我们以前的工作习惯，每天工作10小时甚至更久。

还有很多案例表明，Z世代正在从根本上重新定义工作。许多决策者想不通Z世代的态度与工作本身有什么关系，这样的疑问并非完全没有理由。对许多成功者以及身处职场的人来说，这确实没有太大关系。

但是，Z世代与劳动力市场的需求都经历着巨变。接下来的几年里，绝大多数的婴儿潮一代将陆陆续续地退休。同时，许多公司已经发现寻求合适的青年人才成为一大挑战。而且员工有更多自己的节奏，现在雇主实际上是想尽力寻找能满足他们需求的年轻人。同时，现在的机会比以往任何时候都要多：年轻人掌握了其他几代人所没有的技能，而这些技能恰恰是我们迫切需要的。因此，现在高层管理者必须处理好年青一代的问题，并应从根本上重新调整公司的方针。

是什么驱使着年轻人？

基于这一问题，我们的执行委员会在2021年6月的战略会议上对Z世代进行了讨论。执行委员会由7名成员组成，其中没有人属于Z世代或Y世代。因此，管理层必须先从根本上了解年轻人的动力是什么，这对西维·多特蒙德来说既是不可多得的机会，也是制定企业新战略的途径。日常工作中我经常与年轻人交流，对他们的价值观也略知一二，而且我自己也是30岁的年青一代，因此我主持了这部分。下列几个观点是我们这次讨论的基础。

1. Z世代不希望工作只是工作。
2. Z世代想兼职工作，同时仍有机会跻身高级管理层。
3. Z世代在世界的另一端也能做好工作。
4. Z世代不想再听到任何人对他们说"你还没有任何经验"。
5. Z世代不需要管理者，他们需要的是能够鼓励他们，带他们不断发展的人。

可能的不利条件也会成为机遇

这场讨论是公开的，同时也具有建设性意义。许多顿悟时刻足以化解偏见。恍惚间，之前被视作Z世代的苛刻要求以及对公司不利的条件都成了明晰可见的难得的机遇。对老一辈人来说，工作是谋生的主要途径，他们知道工作往往不是一帆风顺的。但年轻人却不这么认为，他们希望看到工作的意义，希望在工作中获得乐趣。每个公司都会对此感到欣慰！因为Z世代有远大理想，并且会全心投入正确的事情中。他们也能做出重大贡献。他们的兴趣往往驱使他们参与其中并与公司紧密相连。

此外，老一辈人仍然期望工作业绩会随着工作时长的增加而增加，然而，年轻人的想法并不是这样，在他们的世界观里，工作时间与业绩没有任何关系。在强调工作时长的公司里有很多素质极高的员工被忽视，他们只是因为没有足够的工作时长就被认为无法胜任要职。就这一点来说，他们的巨大潜力未能得到有效挖掘，这些人只好转头寻找下一家公司。

西维·多特蒙德从这些经验和认知中能做些什么？我们制定了公司战略，并通过了一项重大规划，该规划旨在转变管理者的工作态度，以深入了解Z世代价值观。例如，我们将与领导层共同制定新的领导原则，建立新的领导措施和领导流程，并开发相关工具以衡量领导力水平。

此外还衍生出各种措施以便改善工作与生活。如今，管理层也可由兼职者来担当，他们可以自行决定工作时间和工作地点。企业管理层在公司设置了"挑战者委员会"。这里的每个想法都率先经过"狂野青年"的仔细盘问，只有建议恰当才会被采纳和实施。

与 Z 世代合作要态度诚恳并保证公平

在职场中，老一辈的领导往往对年青一代抱有偏见。我认为，这是由于他们中的绝大多数人从来没有认真审视过价值观的不断变化。乍一看，很多观点与他们自己的想法背道而驰，他们不仅无法理解，甚至还认为是危言耸听。而这恰恰是问题的关键所在：一方面，他们的这种态度不利于挖掘机会；另一方面，每个公司都必须进行的文化变革成功与否很大程度上取决于最高管理层。这正是我们的企业管理者需要做出承诺的原因，对 Z 世代采取不偏不倚的态度是文化变革成功的关键。将所得认知落实到具体行动上也十分必要，否则也只是口惠而实不至。最后，当与 Z 世代中的代表人物进行直接交流时，管理者就会明白为何西维·多特蒙德可以从我的团队负责人的不同要求和多样价值观中受益。尽管她并非每个工作日都坐在办公室里，也没有每天工作十几个小时，但她依旧能够独立完成工作，保证高效率的产出。她有很多新想法，并能迅速付诸实践，她也有动力推动我们公司的发展。

成功的要素——雇主品牌开发[1]

一

---

[1] 本文作者是格莉亚·奈德。她是奥托博克（Ottobock）健康科技公司掌门家族的第四代成员，在公司监事会任职，她切身体会到了招揽并留住专业人才的不易。她认为，企业文化、人才招聘以及人才发展是企业发展的战略要素。奈德还是一名企业家，拥有马鲁瓦超级食品公司（Maluwa Superfoods），主要经营由辣木植物加工而成的食品添加剂。

第一印象十分重要

"格莉亚,实事求是地说,我的实习经历超级棒,但你们的申请流程不太给力。"这是来自劳仑兹——一位共同玩沙盒的朋友——的感受。他毕业于哥廷根一所私立应用技术大学,主修矫形仿生学。目前,他和我同在哥本哈根研读工商管理和医疗创新硕士课程。

劳仑兹在学生时代就曾在我曾祖父所创立的奥托博克骨科技术公司历练过。从与企业开始建立联系,到在研发车间实习,抑或在海德堡对病人护理业务的实践,他经历了很多。

在这个过程中,他不仅仅经历了积极的事情。"你们首先表达了自己的兴趣，之后便音信皆无。你们可真棒，能在矫形外科技术领域独树一帜。"在这个专业技术人员短缺的时代，我们立足企业发展，不能只考虑如何雇用工作人员，还要考虑如何建立候选人机制。

劳仑兹在我们公司实习期间，公司人事发生了变动，一位新领导任职招聘总监。这位总监提出了全新的招聘理念，提议建立雇主品牌，并将其定为企业战略发展目标，在未来的工作中，组建相关团队，推进这一目标的实现。这是一个全新的尝试，我本人也十分乐于加入这项工作。在我看来，如何将本公司的传统巧妙地融入21世纪的新旋律，使公司能够持续吸纳到年轻的人才，这一点自始至终都十分重要。在过去的两年里，我一直如同陪练一般，陪着我们的团队开展相关工作。本案例旨在向各位展示，如何利用价值观、文化和真正的目标来激励Z世代，当然，个中的挑战和竞争十分激烈。

即便艰难，也要寻根究底

在一个新项目开始之前，必须详尽地做好相关调研，即使这项工作会让人感到痛苦。由夏洛特、雅思美、安尼卡和塔恰娜组成的团队很快将此项工作带入正轨。奥托博克公司和其他隐形冠军一样,在自己的领域独占鳌头。我们的矫形外科技术部门地处哥廷根,尽管在当地几乎家喻户晓,但在其他地方,影响力却极为有限,比如在图林根州的杜德施塔特和柯尼希,这些地区本身缺乏地域优势,而驻扎在当地的很多大公司还提供了每周工作35小时等福利来吸引当地的女性。

我们要学习的是:必须快马加鞭,在参与竞争之前进一步完善公司的申请程序。同时,必须将企业目标与企业文化放在重中之重的位置。这些都是我们在年青一代心中的加分之处。

劳仑兹的求职意向也强调了这一点。他选择矫形仿生学专业,是基于自己的兴趣以及该专业可以帮助更多的人等原因。他谈道:"真的没有什么比让人们恢复高质量的生活更好的了。"我和我的团队都很清楚,我们的使命是让人们能够重新以他们希望的方式生活,这也是我们最宝贵的资产。

说到做到:将战略实施落到实处

Z世代和Y世代占全体适龄工作人口总数的35%。他们希望有所作为,并通过工作实现自我价值。如果自己满足任职要求，而且公司给出的条件也合适，他们就会选择留下，并在工作中明确自己的责任和权利，在这个过程中，他们还会不断进行自我发问和自我确认，进一步弄清楚这份工作的意义和目的。这些答案也是我们和我们的企业品牌建设团队要探求的。

为什么要选择奥托博克公司？经过团队的多轮头脑风暴和细致分析之后，雇主价值主张（Employer Value Proposition，EVP）成为这个问题的答案。雇主价值主张基于雇主视角描述了本公司的特点，这成为所有雇主品牌措施的基础。同时，雇主价值主张并非一成不变，而是与公司一起不断成长的。其核心内容是每个人都是独一无二的。

奥托博克公司以人为本，注重培养每个人的能力，促进其进一步提升。每个人都是独特的，每个人都会按照自己的思维形成自己的观点，每个人在工作中在支持、挑战和心理安全感方面也有各自的需求。我们正在结合自身优势，借此来塑造人类流动性的未来。

在整个过程中，价值观（包括人性化、可信赖性、创造性）始终处于中心位置。我们将员工视作自己的合作伙伴，在现实中，我们也是这样对待他们的。我们和员工彼此信任，相互帮助。我们提供了一个富有创造性且不沉闷的工作环境，这个环境让人充满勇气和毅力，在这样的环境中，大家可以找到最适合的方案。

这些围绕公司日常生活的真实故事都是在雇主价值主张的基础上发生的。这些故事由奥托博克人在社交媒体上进行分享。这些人公开介绍自己在日常工作中的经验。其中劳仑兹分享了他的矫形仿生学专业学习经历，以及他在我们的研发和病人护理中的实习经历。

以新生代为中心

我们的目标是就所有的内容，采取所有的措施，尽可能地进行单独的和私人的交流。至于具体的做法，即如何在实践中践行这些理念，我们可以从一个针对培训生的活动中体验到。夏洛特、安尼卡和塔恰娜在制定相关战略后和我分享了这个活动。我们目前面临的挑战是：奥托博克每年要在柯尼希和杜德施塔特以及柏林地区招收40名实习生。在下萨克森州南部和图林根州，要找到有才华的合格的新生力量则更为困难。

为了进一步促进学生申请本公司的职位，我们组织了一场由数字措施和区域措施共同构成的360度全方位活动。此外，我们还在Z世代经常活跃的TikTok和Instagram（照片墙）平台进行了相关推广，借助这些平台介绍公司的日常培训以及提供的岗位，此外，还让培训生和双元制学生在平台上讲述他们在公司的日常体验。与活动同步进行的是在一些地区张贴广告和海报，以及发动员工进行推广。

这些做法效果显著。活动期间，专门为对培训感兴趣的人设计的网站流量明显增加。随之，高质量的求职申请数量出现大幅攀升。面对广大求职者，我们也快马加鞭，缩短处理时间，尽可能快地给予回复，因为只有这样，才能尽快留住人才。

个性化、个人化、近距离化——这才是最重要的

这场活动表明，实力相当以及平等对话，才是Z世代所尊崇的。他们不喜欢一刀切式的流程和方法，希望对方能够花一些时间到他们所在之地，进行个性化和近距离的交流，通过网络也可以。企业要在人才面前推销自己，而不是以往的相反的模式。

可见，招聘工作不仅仅与工作本身有关，更与企业、企业

工作人员、背后的目的和价值观，比如多样性和开放的心态等密切相关。毕竟，Z世代希望在一个能听到他们声音的环境中实现自我价值，在那里，他们可以卸掉伪装，不用担心失去自我。劳仑兹在完成申请并开始实习时有感而发："我能把从书本上学到的理论知识运用到实践之中，而且还在护理病人的过程中看到了成果，这也太棒了！向海德堡这个超级酷的团队致敬！"

你无法仅用一个水果篮赢得年轻人[1]

一

---

[1] 本文作者是乔伊·迪特里希。他是专注与 Z 世代沟通研究的商业机构 ZEAM 的联合创始人,曾在新里斯本大学商业经济学院和伦敦政治经济学院攻读国际管理硕士学位。在此之前,他还为瑞士两家最大的私营媒体集团下属新建公司进行了分析和评估。他入选了 2020 年《福布斯》30 位 30 岁以下精英榜。

Z世代人才的参照系是整个世界

智能手机早已成为Z世代的忠实伴侣，引领着他们的日常生活，使他们和整个世界互通有无，并进行比较。网上所呈现的现实无论有多远或者有多近，都已经成为他们做决定前的重要参考。因此，那些真正的数字原住民的决定不仅是出于直觉或与同伴交流后的产物，还是经过对网络提供的无限可能性及替代方案进行比较后做出的。

虽然现在所有的营销人员早已清楚这对未来的消费者意味着什么，但绝大多数的人力资源部门却仍然后知后觉，没有考虑到这对未来的专业人员的影响也是极为深远的，毕竟，Z世代在寻求工作时，并不是将自己的工作条件仅与同村的朋友以及以前的同学相比，而是以整个世界为参照系进行比较的。

ZEAM 创立之初，我们的想法是为企业提供服务，帮它们赢得年轻的客户。这些都是关于投资与回报的问题。不过，其他问题在不久之后就显露出来了，年轻人的招募情况在短期内变得十分糟糕。对此的解释是，尽管 Z 世代是世界上数量最多的年轻人群体，但很多西方国家都面临工人严重短缺的问题。在未来几年里，退休人员要比新走上工作岗位的人员多 30%。

本案例研究破解了 Z 世代作为人才的大问题，并使用一个简单的模型对答案做出解析，该模型适用于各个行业和所有的公司。

如何成为对青年人才有吸引力的雇主？

写下此文时是 2022 年 5 月，我们正坐在从苏黎世开往斯图加特的火车上。最近几周，公司收到了很多的电子邮件，邮件主题都涉及一个问题："如何才能成为一个对青年人才有吸引力的雇主？"

在我们此行的目的地，等候着一个由20人组成的管理团队，他们主要负责梅赛德斯-奔驰集团生产相关的工作，所在的是龙头企业的重要岗位。据德国《经济周刊》报道，超过80万的德国人在汽车行业工作。"2021全球大学生概况"调查结果显示，在德国，梅赛德斯-奔驰集团已经超过苹果和特斯拉，成为最受经济学专业毕业生喜爱的公司；对于那些未来的工程师来说，梅赛德斯-奔驰也成为第四受欢迎的企业。但是，技术工人的短缺仍然是不争的事实，而且，需求也正在迅速发生变化。

Z世代对传统企业的要求比肩爱彼迎、谷歌等公司！

几天前，爱彼迎宣布其员工可以远程工作。在不调整工资的前提下，员工可以在美国的任何一个州，或者在任何一个国家或地区每年不超过90天进行远程工作。就此，爱彼迎与政府达成了简单的协议。而这将使全球所有企业受益。短短的48小时，爱彼迎招聘网页的访问量竟高达80万次。

但是，这与梅赛德斯-奔驰的生产有什么关系呢？年轻人总是喜欢不断比较，而且这种比较并不局限在他们的私人生活领域。他们只要打开社交软件，就会看到在棕榈树下工作的同龄人。这样一来，问题很快就会出现，有人就会想："为什么我们不能这样工作呢？"而由于爱彼迎的出现，这种压力在未来将大规模地增加。

2022年，我们与市场研究公司Link在德国和瑞士对4150人进行了相关调查，结果显示，灵活的工作方式对于年轻人来说是何等重要。灵活的工作时间和兼职工作受到各年龄段人群的欢迎，而与他人共用办公桌或多人在一个空间内办公最不受欢迎，在远程工作方面则存在着明显的差异（Y世代除外），Z世代当之无愧，成为最愿意远程工作的群体。这是完全可以理解的！毕竟，很多年轻人在高中毕业后无法再进行环球旅行，语言学习之旅也不得不取消，甚至海外学习计划也落空了。简言之，流动突然变得不再理所当然，在未来的几年甚至会成为一种奢侈品。

不过，机械操作工无法在葡萄牙的海滩上工作，这倒是事实。同样，建筑公司也不可能提供灵活的工作时间，因为机器必须从早上7点开始运作。这是无法改变的。

"用爱工作"模式更能吸引Z世代

人才在求职时会注重三个条件：收入、内在的重视和外部的尊重。其中内在的重视是公司给予的，外部的尊重则是周围环境对工作的反应。对于公司来说，必须了解自己在各自领域的地位，以及相比于竞争对手的优势所在。在此基础上，努力使上述三个条件形成某种平衡。

举例来说，如果有人在烟草公司工作，那么即使他赚的钱是他朋友的两倍，他的朋友也不一定会去恭维他；在一家新成立的公司里，我们每天都会听到自己对公司极其重要的话，到了晚上，办公室还有免费的啤酒，只不过，公司给出的薪水微薄——如果这种平衡发生了变化，无论是内在的还是外部的，我们应该通过进一步协调来应对，以达到另一种平衡。

梅赛德斯-奔驰的生产部门不能为年轻的人才提供远程办公的条件。然而，这并不是不可改变的（比如，推行"用爱工作"模式），只是截至目前仍没有采取行动而已。那么，症结在哪里呢？症结并不在于雇主对雇员的不信任，不相信雇员在家会认真工作（内在的重视），而在于这份工作没有"现代"

到如此的自由（外部的尊重）。为此，雇主可以在工作场所的自由氛围上多下功夫，因为这是Z世代最看重的方面。或者梅赛德斯-奔驰可以进一步与Z世代就生产的重要性进行沟通。对于这些年轻人来说，工作的稳定性这一要素的重要性仅居于第三位，已经不是首要条件了，尽管与爱彼迎相比，梅赛德斯-奔驰并没有在2020年裁掉25%的员工。

不积跬步，无以至千里①

---

① 本文作者是凯瑟琳娜·莱希。她拥有化学硕士学位，曾在德国联邦议院任职18 年，在联邦政府任职 7 年。自 2020 年以来，莱希一直担任德国西部能源股份公司（Westenergie AG）董事会主席以及联邦政府国家氢能委员会主席。2016 年起，她还是德国可持续发展委员会的成员。莱希一直致力于促进公司的多元化发展，是西部能源股份公司女性力量学会的创始人。该学会的宗旨在于在职场上陪伴公司的女性，发掘并培养女性进入公司的领导层。

以电子竞技比赛赢得科技人才

和其他工业企业无异,我们西部能源公司也在大力招贤纳士,尤其是技术领域的人才。根据德国联邦就业局的统计数据,2021 年,每 100 个能源技术方向的招聘职位只有 67 人申请。在供暖和空调技术方面,全德国的培训生出现 3 万个缺口。专业技术人员的短缺不仅使企业和一般手工业在未来面临一些问题,也使能源转型的真正实施面临挑战。对于具有环保意识的 Z 世代来说,这是一个能够积极参与气候保护的好机会。成为能源技术员,可以说,很大程度上是"每天都是为了未来"而工作。

在与 Z 世代打交道的过程中，我们也早已注意到，通过传统的方式，比如在报纸上刊登广告和新闻报道，甚至通过社交媒体，都很难找到这些年轻人。一项针对 1200 名 12~19 岁的年轻人进行的调查研究也证明了这一点。这项研究的主题为"青年、信息、媒体"，调查结果表明，84% 的受访者订阅了视频流媒体服务，76% 的受访者订阅了音乐流媒体服务，只有 29% 的受访者订阅了杂志。与此同时，Instagram 和 YouTube 已经遥遥领先于谷歌新闻，成为提供时事信息的重要渠道。

同时，我们在 2021 年对公司员工进行的调查问卷显示，就公司的年轻员工而言，他们的个人需求会因所属的职业群体而有所不同。其中，来自互联网技术和数据处理部门的同事最渴望灵活性和创造性。而对于年轻的技术人员来说，承担责任以及在团队中工作是非常重要的。

对于我们公司来说，为了获得人才，并最终留住这些人才，我们不仅要找到一种新路径，还要采取差异化的量身定做的方法。

在游戏和焊接之间——我们的电子竞技比赛

我们集团从事技术工作的培训生主要集中在一家名为西联的子公司。早在疫情出现之前,位于莱茵兰-普法尔茨州的劳舍米勒培训和继续教育中心就尝试与学生进行对话,比如举行竞赛等活动,并大获成功。2019年秋季,通过举办电子竞技比赛,我们迈向了数字世界。23支各由两名球员组成的队伍参加了比赛,并在研讨教室里15平方米大小的LED墙上展开了对抗赛。通过比赛,参赛者很快就对我们公司和正在进行的培训有了一定的了解。比如,他们学习如何焊接电路板,并向培训讲师提出了很多问题。总而言之,那场活动非常成功。

一切从信任和个人接触开始

这场电子竞技比赛证明,公司即便是针对目标群体精确地制订一个小方案,也有可能取得很好的成绩。在轻松的环境中,与仅有的5个年轻人以私人的身份分别进行接触,可能比在专门的培训机构进行特定的培训更为有效。在这种情况下,收效显著意味着年轻人真正愿意在西部能源这个大家庭中接受培训,因为他们已经认可了负责培训的讲师。

具体而言，电子竞技的例子已经表明，一方面，我们更容易接触到与数字媒体共生的年轻人。这一点极其重要，因为能源转型只有通过数字化才能成功。这也是为什么我们未来的同事也要具有"数字化"的特点。另一方面，从这次活动可以看出，我们作为企业，必须适时调整，使自己更适应年轻人的真实生活现状。为此，参照这个电子竞技比赛的模式，同事们又设计了针对这些年轻人的广告宣传活动，这些活动是在社交网络上展开的。其中最受欢迎的广告是这样的："白天当技术员，夜晚在游戏中遨游——心动不如行动！"广告下面收到了大量的评论，比如："酷毙了！下班和同事一起在游戏中鏖战，爽！"这条招聘广告看似随意，实则不然，因为它仍围绕着这样一个核心问题：作为公司，我们需要更多地考虑如何在有吸引力的工作氛围，以及Z世代对工作与生活相分离的渴望中找到一种平衡。

量身定制的对话与工作待遇才是吸引人才的法宝

从电子竞技比赛的效果来看，我们的这个方法对年轻人十分有效，因此，我们必须按照这个方法走下去。长期以来，我们在YouTube上开设了公司的职业频道，借助频道，我们一直在介绍公司众多的培训机会。同时，为了吸引更多的求职者，尤其是Z世代求职者，我们还适时地调整并扩大了公司的福利。比如，培训生可以在工作中使用公司的平板电脑、笔记本电脑或者智能手机，还有流动津贴以及雇主支付的企业养老金。

男性参与电子竞技比赛的比例过高，从这点来看，我们需要投入更多精力以增加专业技术领域女性从业人员的比例。这也是全德国的女孩子对于我们来说如此重要的原因。我们在不同的城市都会让女孩子去了解电气工程师或互联网技术系统电子工程师这些职位。在这里，我们也尝试在Z世代生活的世界中搭建一座桥梁，使他们更好地了解可再生能源，甚至让他们来建造一个太阳能球。去年，我们又成立了女性力量学会。成立该学会的宗旨是让女性工作人员在公司更有话语权，当然，更重要的是支持她们的职业发展。此外，我们还以该学会为平台，让从事技术工作的女同事进行交流，让更多的女性人才加入我们公司。

黑色数字前面的绿色价值？
为什么可持续发展正在成为招聘中的成功因素[①]

[①] 本文作者是阿纳希塔·汤姆斯。她是贝克-麦肯锡公司的合伙人,负责可持续发展、贸易和合规领域。她还是大西洋桥梁联合会的董事会成员以及联合国儿童基金会国家委员会成员。2020 年,她被世界经济论坛评选为全球青年领袖。此外,她还曾被《经理人杂志》推选为"德国商界最具影响力的 100 位女性"之一。

对于 Z 世代来说，企业价值和自身价值必须携手并进

年轻人获取信息的能力几乎是与生俱来的，这使他们非常了解自己在职场上的价值。同时，他们也能对自己未来的工作有清晰的想法。因此，他们会为了实现个人发展和自主地塑造自己的生活而不懈努力。此外，职业对于 Z 世代来说，不仅是赚钱的手段，更是自我实现和创造意义的途径。

雇主们越来越多地面临着年轻人的诸多期待，如可持续性的行动、社会参与、促进多样性以及促进人权等。对于这些年轻人来说，重要的是雇主能够分享和探讨他们的价值观，并且以有意义的想法和积极的参与对此做出回应。Z 世代会考虑公司的价值观在多大程度上与他们的个人价值观相一致,并越来越多地关注所在公司的意义和目的。

气候在变化,求职者也在为促进环境保护而努力

在做法律顾问的职业生涯中,我对各种各样的企业都有深入的了解,这些企业规模不一,从中型家族企业到DAX40[①],再到《财富》世界500强企业。同时,作为合伙人,我还阅读了一些律师、法务文员和助理职位的求职信。这些人在求职信中明确地提到了可持续性发展。"我申请这个职位的原因是贵司将社会责任、法律研究和企业精神结合起来了",被我们团队录用的职员中,50%的求职信都是这样写的。此外,我还注意到,年轻的求职者们乐于在生态和社会可持续性领域投入精力,比如加入相关协会或者机构,以成为会员的形式参与相关活动。

---

① DAX40,即DAX指数,也被称为德国股票指数或GER40,是一个股票指数,代表了在法兰克福交易所交易的40家最大和最具流动性的德国公司。——译者注

人才争夺战进入白热化阶段

Z世代对雇主的要求与前几代人完全不同，这是不争的事实，也是企业界所公认的。企业社会责任和雇主品牌等也变得越来越重要。因此，雇主们在招聘过程中也越发强调企业在可持续性方面所做的工作。不过，在此还是建议各位雇主要谨言慎行，因为Z世代对于企业在此方面的作为常持有批评意见。所谓的"漂绿"，是指公司用事实上并不存在的社会工作或者生态成绩来装点自己，或者与核心业务相比，公司在此方面的投入显得微不足道。这些虚假之处一旦为Z世代所发现，企业在这些年轻人心中的地位就会大大降低。以此类推，在多样性方面也是如此。

具有创新力的初创企业经常分享Z世代的价值观，而社会及生态责任也自然而然地成为企业创业理念的重要组成部分。以这种方式和理念，企业吸引了那些追求存在意义和灵活工作方式的潜在的求职者。例如，我看到有些大型律师事务所的同行转而投向法律技术初创公司或者绿色科技领域的年轻公司。在这种竞争形势下，未来的人才争夺战将会变得更加激烈，尤其是对传统的商业律师事务所而言。

没有可持续性，就不可能获得成功——这种认知是弥足珍贵的

这表明如果不从可持续性的角度重新思考，经济上的成功是不可能长期存在的。

可持续性包括很多方面。企业用什么办法和措施来证明自己在此方面的贡献，并以此收获 Z 世代求职者的青睐，则完全取决于企业和它所在的行业。生产型企业要确保生产过程中的环境保护问题。律师事务所则要重视创新，此外，如果能与 Z 世代进行交流，那就更理想了。在任何情况下，我们都倡议企业做好以下工作：与环境及气候保护项目合作，促进企业员工的多样性，无偿工作，在科技上投入，减少出差，减少垃圾，促进企业食堂购买本地农产品，等等。

对于我们律师事务所来说，尽早将这些倡议提上日程非常重要。我们已经确定了获得特别支持的可持续性发展目标。比如，我们的德国办公室加入了全球 Treedom 平台[①]。通过此平台，参与者可以远程种植树木，并在线追踪树木的生长情况。

---

① Treedom 是全球首个远程种树和树木在线管理网络平台。——编者注

在新生代圣诞晚会上，我们为学员送上了公司远程种植的树木；在国际妇女节当日，同事们收到了自己种在危地马拉的树木。一片贝克-麦肯锡联合森林就这样产生了。

在促进青年人才成长方面，我们的可持续性发展战略发挥了十分重要的作用。贝克-麦肯锡职业导师计划中为学员举办的夏令营向Z世代展示了我们律师事务所正在开展的主题项目。在最近的夏令营活动中，我们向年青一代介绍了B-Green项目，这个项目是关于我们的全球环境管理的。

如果公司打算在可持续性方面节省资金，那么这种做法就像为了节省时间就让钟表停摆一样自欺欺人。企业为了在招聘人才方面能够一直达到自己的预期，就不得不去适应并满足这些年轻人的期望。生态和社会责任，以及在多样性和人权方面的投入，在年轻人眼中都不再是企业令人称赞的特别贡献，而是企业必备的条件。

企业的可持续发展状况已经成为决定其在招聘市场上的地位和招聘是否获得成功的重要因素。在这种情况下，我们可以认为，对可持续性的重视，从经济上来看，也是有价值的。

应对气候变化的斗争激发了我们的才能[①]

[①] 本文作者是万蒂·酷安。她和另外两位联合创始人在 2017 年共同创立了易纳普特全球能源科技公司（Enapter）。目前，她负责公司的沟通工作。万蒂曾入选福布斯 2020 年能源领域 30 位 30 岁以下精英榜，此外，她还带领易纳普特公司斩获由威廉王子和皇家基金会发起的首届"为地球奋斗奖"。万蒂拥有康考迪亚大学约翰·莫尔森商学院（蒙特利尔）的商学学士学位。

Z世代希望自己成为解决方案的一部分

对于Z世代来说，个人工作具有何种意义十分重要。同等重要的还有日常生活中的正义行为，比如积极对抗气候变化。Z世代非常关注他们和他们的子女将面对的数十年的未来。他们将迎接时代的挑战并使自己成为解决方案的一部分，这种理念一直激励着这些年轻人。

易纳普特全球能源科技公司满足了年轻人的这些需求。一方面，该公司致力于打造以新能源为基调的未来世界，开发绿色氢能源用来替代传统化石燃料。另一方面，作为初创公司，易纳普特公司又深知如何招纳并留住Z世代人才。

本案例讲述了企业如何找到和人才相互适应、相互欣赏的契合点。同时，我们还展示了能力、价值观和原则所起的作用，以及使命感为何如此重要。

文化契合是第一位的

易纳普特向我们展示了不再以化石燃料为主导、用可再生能源发电并以绿色氢作为燃料的未来愿景，这涉及保护气候和降低绿色氢成本的突破性技术，有了这些技术，新愿景才能惠及全体世界居民。

实现这一愿景的内在驱动力则是人们极力地阻止气候变化的决心。然而，留给我们的应对时间并不充裕，由此可见，快速找到改良方案对于相关企业和员工是至关重要的。

这一愿景也激起了Z世代的共鸣。找到改良的办法，阻止气候的进一步恶化，为人类的未来付出热情并做出自己的贡献，这成为许多年轻人努力的方向。

当企业和求职者的价值观及原则相吻合时，彼此间的契合度就会提高。特别值得一提的是，我们公司一直奉行"紧迫、简化和透明"的指导性原则，不仅以此吸引了Z世代，而且成功地为自己在市场上开辟了一席之地。

易纳普特不断成长，也在不断地寻求新的同事。随着公司知名度的提高，求职者也在不断增加。招聘流程如下：首先对求职者简历进行初筛，然后进行初次面试，之后，团队及团队领导与其进行1~2次的深入面谈。

在确定候选人时，我们有这样一个内部原则，即"每一次招聘都是一次地狱般的体验！"。也就是说，我们只选择令我们完全信服的人。我们会关注求职者的软技能及硬技能，还有他们的求职动机以及是否与公司的未来发展愿景相契合。尽管我们一直在为促进团队成员的多样性而努力，并提倡具有不同的思维方式和处理办法，但是，这些都是以一致的基本价值观和原则为前提的。从可持续性思维到务实性思维，再到主动性、开放性、真实性和可信任度，这些都是上述价值观和原则的体现。这一切都是建立在双向互惠的基础之上的，从实习生到首席执行官，公司的所有工作人员都是这样。总而言之，文化契合是我们在招聘中和日常互动中的首要关注点。

真正的可信赖吸引了年青一代

为了最大限度地保证不做出错误决定，我们会按照职位尽可能地让不同的人参与人才招聘。这种方式可以让求职者尽可能多地了解潜在的同事，并对我们的工作方式有一定的了解。

尽管有很多人递交了求职申请，但对于我们来说，找到合适的人选仍然是个挑战。当然，我们也会通过各种渠道进行寻找和沟通。在此过程中，我们会保证自己是真实的，是值得信赖的。这一点，无论是对于我们，还是对于Z世代来说，都不是无关紧要的。我们也知道，自己并不完美，不过，这也是合乎情理的。就如同对于气候变化目前也还没有找到完美的解决方案。我们需要的是技能与人力的多样化组合。我们的信条是：行动起来，尽管不完美，但也总比不作为要好。因而，我们应该积极行动起来，借此来获取反馈，并在此基础上不断改进自我。另外，值得注意的是，迅速采取行动这一点也很关键。在我看来，只有真正的真实和可靠，才能够使我们从众多雇主中脱颖而出。而我们借助多种方式，特别是社交媒体，使这种真实性和可信赖性变得可以感知，在Facebook、Instagram、

YouTube、Twitter 和 LinkedIn（领英）上，我们展示了易纳普特的面孔和声音，展示了公司的人性化和真实性。举例来说，在我们的培训视频中，可以看到一位自拍的年轻同事在热情地讲解我们的系统。这段视频也许算不上完美，但其所传递的信息是十分清晰的。

我们必须感受"氢世代"的存在

我们所学到的是如何最好地和新的潜在的同事进行接触。社交媒体为此发挥了重要作用。去年，一项名为"氢世代"的活动特别受欢迎。这项活动主要是针对千禧一代和 Z 世代而展开的。活动旨在让年轻人熟悉绿色氢，使大家了解绿色氢在未来会发挥怎样的作用，并知晓相关技术在目前的发展程度。为此，我们举办了各种专题研讨会，还有小组讨论，并定期开展设计竞赛。该领域先行者们的演讲、竞赛和发言不仅十分有趣，还给我们提供了一些网络空间。此外，我们还运用了 3D 建模社区 GrabCAD，这给 Z 世代提供了一种超越传统的、具有创造性的模式，使他们以这种新方式来应对绿色氢相关工作的挑战。这种方式收效极好，不仅将人们聚拢在一起，还加强了他们对相关主题的认知。从我们收到的反馈可以看出，如果人们能够感受并理解企业精神，他们很快就会被说服，因此，我们在这方面投入了很多的精力。如果了解一下目前的总能源消耗，我们就会发现，太阳能、风能和其他可再生能源在一定程度上可以很好地替代化石燃料。不过，供暖、制冷、工业和交通运输等领域使用的一些燃料仍会产生污染。目前，人们已经找到了这些燃料的新的替代产品。绿色氢是一种清洁的分子，可以缓解传统能源消耗中产生污染的问题。我们恰恰就是从事绿色氢生产的企业，在我们的努力下，未来的生活中，绿色氢可以被位于地球任何地方的人获得，这当然也极大地促进了能源的转型。

CHAPTER
THREE

3

第三章

Z 世代有什么特长?
该如何让他们大显身手?

到底谁在领导谁？ Z 世代对领导者提出新要求[①]

[①] 本文作者是安纳希塔·埃斯迈尔扎德。2021 年以来，安纳希塔·埃斯迈尔扎德一直就职于微软公司，在旅游、运输、能源和公共事业领域担任客户成功账户管理的领导工作。在此之前，这位商业信息学专业的高校毕业生曾是慕尼黑思爱普（SAP）创新实验室主管。安纳希塔还是德语区国家目前最具影响力的商业网红和发言人。她借助自己在社交网络和媒体上的影响力，积极推广商业多样性和现代文化及现代领导艺术。

该如何领导未来一代？

Z世代已然步入职场，这一群体与他们的前辈有着截然不同的价值观和工作预期。这代年轻人非常清楚自己的价值所在，知道自身的可能性，并十分自信地提出他们所期望的条件。Z世代坚信"凡事皆有可能"。这样的人生信条也恰好符合他们对自我实现与自由发展的追求。与前几代人相比，这些年轻人认为拥有可规划的工作时间、实现工作与生活的良好平衡以及享受充足的休闲时光更为重要。同时，他们对雇主的忠诚度也更低。这意味着他们给管理者带来了全新的挑战。Z世代行事风格独特，因此也希望被以不同的方式管理。

谁在向谁申请？

与Y世代不同，Z世代自幼就被大量数字信息所裹挟。他们从未了解过没有新科技的生活情形。可以说，数字化在他们仍在摇篮里时就出现了。Z世代一直在智能手机的臂弯里成长，与前几代人相比，身处数字世界的他们明显更加如鱼得水，对技术也更加通晓。打个比方：我16岁时才拥有人生中的第一部手机——诺基亚3310，抗摔耐用，电池超强的续航能力也让人震惊。我完全能想象得到Z世代听到这个消息后的那种错愕神情。

不过，Z世代与Y世代的差异并非仅体现在数字化方面。我曾经与一位年轻人面谈，当时的情形和自己的不悦至今仍然历历在目。这位年轻人对我的团队很感兴趣并提出实习申请。但在我们的第一次面试谈话中她就明确提出自己要提前下班，要灵活掌控自己的私人生活，而此时面试才进行了5分钟。这让我瞬间想起了自己在大学期间首次求职面试的场景。我依然记得面试时自己向每位面试官做出保证时的急切心情。在我的认知中，加班是工作的一部分，因此并不需要加班费。而这位求职者的要求在当时的我看来简直不可理喻。

尽管Y世代与Z世代有很多相似之处，但在我看来还是有一道鸿沟能将我们两代人区隔开来。我们这代人会努力协调好工作与生活的天平，而Z世代却只是在两者之间画出一道明显的界线。我们Y世代已经用自己的观点动摇了职场的根基。我们是未来工作世界的先行者，提倡并践行家庭办公或弹性工作的理念。如今，面对这些曾经的重大变革，Z世代已经可以表情轻松地耸耸肩，将其视为理所当然。现在，随着Z世代的到来，企业文化也正面临着进一步的重大变革。

热爱自由的一代人向领导者发出挑战

未来的职场中，几乎没有人会比Z世代更抢手，而且他们也很清楚自己对雇主的价值。与老一辈人相比，Z世代对不计条件的工作付出更加谨慎，对工作也抱有更高的预期。他们希望公司能够提供一个兼具休闲、想法和创意的工作环境，而且这个环境能够严格区分工作与个人生活。除此之外，加班费以及福利待遇也被他们视为健康元素。与此同时，Z世代追求自己认可的公司宗旨与扁平化的层级结构。Z世代对领导的要求也很高。他们希望领导能少给予指示和评价，多提供激励和问题解决路径。他们欣赏导师或教练式的管理者，排斥传统意义的"老板"。Z世代认为，领导应该是高瞻远瞩者，而非监管者。因此，那些能够启发、激励人和令人欢呼雀跃的领导才会受到Z世代的钦佩和关注。如能找到一个目标一致的领导则更是喜上加喜。总的来说，这代年轻人才不是在找"老板"，而是在找真正意义上的同行者。

Y世代是两代人之间的过渡者

Z世代促使公司进行文化改革。其实前几代人已经为他们铺平了道路。他们不仅要求公司目标明确、工作灵活，而且还对流行的领导文化提出要求：Z世代厌恶微观管理，但喜欢那种能及时反馈，能从错误中得到经验教训的管理文化。作为数字原生代，他们早已习惯事事可沟通、件件有回应。因此，他们始终都想搞清楚自身的处境，年度考核谈话对他们来说远远不够。管理者应评估他们的反馈，并适应这些年轻人的要求。在我看来，最好每周与他们进行有意义的对话，明确告知他们目前的业绩，同时，还要事先说清楚分配给他们的任务的意义所在。

公司还应该制定具体措施，让经理及其他世代的员工能与Z世代进行公开的交流。事实证明，反向指导计划、代际工作坊和世代混合式定期演讲都会产生很好的效果。

从我自身的经验来看，Y世代在Z世代与其他世代人之间的调和及交流中发挥着至关重要的作用。我作为Y世代的一员以及科技部门的主管，通常会选择不同年龄段的人加入我的研发团队。当然我也会从中受益，因为我既了解"传统的"工作环境，清楚前辈的意见和需求，同时还知晓Z世代的理念。因此，Y世代就像年老一代与年青一代之间的纽带，在婴儿潮一代与Z世代间翻译着彼此的话语。

数字化学习如何锻炼 Z 世代的能力[①]

[①] 本文作者是尼古拉·肖克和亚历山大·吉斯克。他们是易学（simpleclub）的创始人和老板。易学是德国最受学生和学徒欢迎的学习软件，每月用户数高达 200 万。现今，易学已步入欧洲势头最强劲的教育科技公司之列，成为顶尖的初创企业雇主，旗下拥有 130 名员工。

线下教育因疫情而中断

席卷世界的新冠疫情暴露了近几十年来的社会弊病：我们的教育系统已经过时。尽管此前有人对此有所察觉，但这场疫情让大家第一次真正地切身感受到这一点。

我们公司也亲历了疫情对教育的考验。我们建立的易学成为德国最受学生和学徒欢迎的学习软件，每月用户达200万。尤其是在培训方面，我们受到德国最大的几家公司的青睐，他们想通过与我们的合作招募到更多的新生代力量，并以此提高自己的声誉。现在，我们每天都在与学员打交道，当然，还要与学校、教师、企业和培训者频繁联系。

我们非常清楚这些问题。现有的培训已不再有吸引力了。培训缺少数字化模式。而学生也缺乏基本功训练。即便最简单的理论，如数学里的运算法则，对许多学员来说也十分陌生。

对于这些已知的问题，我们并非束手无策。

我提到这个案例是想向读者展示，我们作为教育的提供者会如何看待疫情，我们能从中得到哪些启发。我们也想行稳致远，因为这不仅关乎我们该如何处理相关问题，还涉及在这样的环境下该如何恰当锻炼 Z 世代的能力。

在我写作本书时，Z 世代涵盖正在求学的大中小学学生和学徒，他们是防疫政策中最被忽视的一代人。他们每天都在承受着疫情的影响。

我们被淹没在信息的洪流之中

2020 年 3 月 13 日，星期五。这一天应该被载入史册。一天之前，德国文化部部长宣布因疫情不断蔓延，暂时关闭德国境内的所有学校。请各位注意，不是部分学校，而是全部。

起初我们无法相信。说实话，我们一开始并没有严肃对待。但随着时间的推移，我们很快就意识到问题的严重性：德国的教育正处于水深火热之中。教师、学生和家长对此都感到十分茫然。

因此，我们连夜推出了一项扶持计划：在未来5周时间里，为所有与我们联系的学校及学生免费提供这款学习软件。我们预计可能会有几百人注册，但实际情况远远超出想象。一周之内，我们就发放了180万个免费注册账号，总价值超过3000万欧元。

接下来的几个月时间，我们通过疫情看清了一些学校和培训系统都存在的问题。有一点毋庸置疑，疫情在学校教育、培训教育与继续教育方面对Z世代产生了极大的影响。

数字化的缺席和学习上的漏洞

通过与各个领域的培训公司交流，我们发现近几年来无论是零售业、手工业还是纺织工业都面临着这样的问题：学徒制的声誉每况愈下，吸引力也不尽如人意。人人都想接受高等教育。由此，很多企业和公司在寻找接班人上面临着巨大挑战。

但他们并没有止步不前。他们发现年轻人往往在基础学科上比较薄弱，尤其在数学和经济学专业。在我们的学习软件中，学生最常浏览的内容也集中在体积、百分比计算和三法则这些中级水平的主题上。

不幸的是,疫情凸显了这一弊端。学校停止线下授课期间,只有33%的学徒会借助网络课程进行学习。德国工会在2021年1月发出警告,提示线下教育的停止会使大量学生学业不合格。这也造成巨大的财政负担,据联邦职业教育和培训研究所统计,年轻人如果中止培训,会给企业造成6826欧元的损失。

那么,有什么好的解决方案吗?我们怎样做才能填补漏洞?我们怎样才能让Z世代充满热情且动力十足地学习呢?

企业如何增强Z世代的能力?

或许有人认为,数字化教学成为趋势主要是受疫情的影响。但这样的推断并不完全正确。多年以来,我们注意到Z世代希望以一种全新的模式来学习,因为只有这样才能激发他们的学习动力。

这代人是在智能手机的陪伴中成长起来的。他们对数字设备抱有很高的期望,对学校和培训也是如此。他们不仅希望获得数字化的学习方式,还希望按照自己的节奏去学习。

这倒也在情理之中。因为Z世代生活的方方面面已最大限度地被数字化所包围。他们可以在Netflix（网飞）上看电影，在Spotify（声田）上听音乐。但教育呢？还是传统的阅读方式。当然，如果幸运的话，还可以在PPT上浏览电子文档。仅此而已，难怪他们兴致不高。

同时需要注意的是，Z世代所关注的不仅是工作报酬，他们也在寻找工作的意义，希望劳有所获勤有所学。对此，他们需要足够的自由以及正确的引导，以便不时学习一些在（过时的）教学计划上没有的东西。

"创业青年"是一家非营利组织，它主要锻炼年轻人的创业思维，提升他们的创业实践能力，我们和这个平台一起近距离观察和体验这些年轻人的需求。为此我们制作了150多个学习内容，主题涵盖编码、未来技能和创业培训。这些都是职业教育培训计划上没有的。

我们看到的结果是：这些内容已被浏览1500多万次。浏览者均是自愿学习，没有考试压力。

具体来说，Z世代很乐意在易学这样的平台上选择符合自己需求的内容来学习。如果提供的学习材料与发端于20世纪90年代的PPT无异,那他们就会兴趣索然。我们专注设计一款让年轻人爱不释手的应用程序,就像他们天天浏览的Instagram和TikTok一样。我们的目的是让他们主动学习,甚至希望他们能够与朋友共同分享。作为一家公司,我们并不需要展现自己有多"酷",但我们可以提供这些深受Z世代喜爱的工具,并以此提高自己作为雇主的魅力。

无论疫情是否蔓延,公司最终都会从各个方面为Z世代提供锻炼他们能力的平台——无论是学习环境还是学习工具或学习内容。我们想为他们创造一个能够按照自己的节奏进行独立学习的环境。数字化工具及设备可以带来惊喜,可以为年轻人展示他们想了解的一切。有了这些工具,这些年轻人甚至可以跳出现有框架的束缚,进一步塑造自我。

这让学习再次变得有趣了,同时学员的能力也得到了锻炼。而企业里那些动力不足的学徒也变得干劲十足,成为有价值的接班人。

反向指导与我们的选择[1]

---
[1] 本文作者是延斯·菲格，已婚，有四个孩子。2014年起，他与堂兄费列克斯·菲格作为第五代传人，共同接管了已有近150年历史的家族企业。2021年，两人被INTES家族企业学院授予"年度家族企业家"的称号。

年轻人想得到更多

"18岁时,你想做些什么?"这个问题涉及我们的"早鸟早餐"计划。我们在每个季度都会为菲格的双元制学生和假期工学生提供这项服务。

之所以制订这项计划,是因为我们想与公司的年轻人闲谈,我们想了解他们,而不仅是对他们评头论足。因此,我们会定期派两名董事会成员与公司的年轻人开展早餐交流活动。我们会讨论一些面试中经典的破冰话题,比如2020年10月,我们谈到了对职业生涯的最初设想,并有针对性地给出适合他们的建议。这个话题以益智游戏的方式引入,之后的过程相对严肃。

这就是我们之间的交流模式。早餐会上，我会谈到自己18岁时曾想成为一名医生，还会告诉他们一名双元制学生最近陪同我董事会的同事马丁·拉德梅克工作一周。我发现这样的话题才会让大家笑逐颜开。我们知道，过去老一辈人向年青一代传授知识是再正常不过的事情，但如今时过境迁，这种做法已不再适宜，就如同非智能手机已经跟不上潮流，现在的年轻人往往拥有前辈们没见过或没有机会再获得的知识体系。

文森特·比伯也是公司的双元制学生，十分幸运，他接受了我们的提议。几天以后，他在停车场毫不客气地问我之前的提议是否还有效，他是否可以伴随我一起工作。我说当然有效，并承诺他可以这样做。这件事令我记忆深刻。让Z世代提出疑问，并使他们由此收获一些思考和启发，这十分有意义。实际上，我和文森特在2021年1月就计划一起待上一周。但由于疫情，计划被推迟到了10月。在那一周的时间里，我带他参加了与我有关的全部会议，当时，文森特还在明斯特应用技术大学学习企业管理，之后他在公司的销售部上班，并于2022年秋获得传播心理学的在职硕士学位。在那段时间里，唯一的例外是我与管理人员的两次单独面谈，他没能参加。其他时间，这位23岁的年轻人一直待在我身边。在战略会议或者保密会议上以及傍晚时光，我们都会花一点儿时间来回顾当天的情况并讨论一些开放性的问题。

什么才是真正重要的？

我认为，Z世代的优势在于他们可以不断质疑我们这代人认为理所当然的一切。Z世代的思维更加不拘一格，想法也更加新颖，不会一直把我们坚持的事情视为真理。这些对我们这一辈人来说恰恰是难能可贵的精神。Z世代对问题的思考应该引起我们的注意，或许我们也应该反思一下某些令我们深信不疑的观点。

与文森特相伴的一周时间，我们通常只是简短地讨论当天的会议及事件，此后很快就将话题转到日常的事情与棘手的问题上。但这些问题要比我之前想象得更深入，甚至有一些问题我还没有准备充分，也有一些问题我从一开始就不太感兴趣，但他却有勇气提出，当然，我也会尝试着给出自己的答案。

最重要的是，文森特和我晚上经常在办公室里讨论什么才是真正的良心企业家，什么才是生活中重要的。他曾告诉我，如果有机会改变一些事情，他很希望打破现有条条框框，以换取更多的自由。或者说，他认为首席愿景官一词比首席执行官更适合家族企业的董事长，因为他们最终是要为公司成功打造一个可持续发展的未来。

此外，他还想从我这里知道些其他事情。比如：是什么让我能做到早起？哪些错误最好不要去触碰？我想教给孩子什么道理？我会为公司留下些什么？作为首席执行官，我该如何保持良好的人生态度？

我回答了他的所有问题，事后发现自己也乐在其中。

下一个阶段

文森特和我一起办公的那一周，现在回想起来，仍是我人生中的重要经历，让我深深感受到反向指导对我们的家族企业来说意义十分重大。而且，文森特的问题比我想问的还要多。这场小体验可能是真正反向指导的一个开端。这一周更像一场偶然的经历，像是与学生共进早餐时发生的一场巧合，我会记得作为众多学生中的一员，他曾在停车场勇气十足地问我是否可以观看我一周的工作。

这场邂逅促使我们制定了现在的一套固定流程来推行经典意义上的反向指导。我们首先在董事会提出方案，之后落实到管理层，最后推广到能从中受益的职员群体中。这个项目逻辑清晰、态度明确，我们只想告诉 Z 世代：请给我们机会！请给我们反馈！请向我们质疑！告知你们的决定！说出你们的想法！大胆一点！我们也想和你们谈谈核心问题，问问你们这代人是基于什么做出决定的！我们要怎样做才能吸引你们，是做好服务者，还是扮演好雇主的角色？总之：请把你们的知识传授给我们这些上了年纪的人吧。我们可以从你们身上学到很多东西。

今日的网络塑造明日的人才[①]

[①] 本文作者是玛丽亚·穆伦维格。她在努力尝试利用现代科技所创造的商业机会来解决问题。17岁时,她就研发了教育科技应用程序头脑花园(Brainspark),并一举夺得2018年"创业青年"平台软件及大数据领域的冠军。目前,她正在雇主公司赛富时(Salesforce)完成商业信息学的双元制学习,以强化自己的项目管理技能。

我们每个人都是网络的一部分，无论是私人网络还是商业网络。为什么呢？因为与人交流，尤其是与不同世代的人进行交流，以及考虑不同的观点，对于个人的发展意义非凡。对公司的成功与未来发展而言亦是如此，通过交流，可以让自己迸发出一些新鲜的想法。

对此我深有体会，2018年我参加青少年创业比赛获了奖，那会儿我还是一名学生。我由于在青少年创业比赛中小有成就，赛后与赛富时管理层开展了一场深入且有趣的交流。我再次相信，与不同领域的同龄人敞开心扉交流会有所收获，的确，我遇到了德国赛富时的首席执行官，她做了我的导师。高中毕业后，我就在赛富时公司接受了双元教育。

2020年，我在人才生态系统团队实习，这个团队在组织上属于业务运营领域。国际数据公司目前进行的一项赛富时市场研究指出，到2026年，赛富时生态系统将提供232600个新的工作岗位，既覆盖赛富时公司本身，也覆盖合作伙伴与相关客户。这些岗位需要大量人才，而目前的职场人数还无法满足。为填补人才空缺、吸引各类人才加入赛富时生态系统，人才生态系统团队正在制订相关的方案和倡议。

在这个团队实习不久，我就产生了创立一个新项目的想法，即打造人才生态系统校园（Talent Ecosystem Campus，缩写为TEC）。如今，TEC已有500名成员，其中包括学生、专业人士、教授、合作伙伴、客户以及其他有兴趣者。各类人才带来了大量交流与相互支持的可能性，这个项目也提供了笼络人才和公司的机会。在此，我将分享我们赛富时公司为何以及如何利用这个想法来寻找人才、汇集人才和促进人才创新。

从不同年龄段的人那里寻找灵感和创新点

"起航慕尼黑"是年轻人相互交流、彼此支持及共同激励的创业社区，在它的启发下TEC应运而生。其基本思想是在德国境内通过 Slack（一款社交办公软件）为赛富时生态系统创办一个类似的社区。目前为止，我们准备将赛富时的员工、客户、合作伙伴与有关人才联系起来，并为他们提供一个交流平台。我认为创建一个可以直接融合人才、专家、员工与合作伙伴的平台似乎有特别的意义，具体来说有两个原因。

第一，与有经验的人进行交流可以帮助学生明确自己的职业方向。我也是一名学生，我很理解许多学生的压力。在项目推进期间，我采访了一些学生，了解了他们初入职场时面临的挑战。我得到的反馈是很多人没有方向，孤立无援。所以我们希望在 TEC 中为他们提供相关指导。在这里，他们可以了解彼此的工作，学习有关技能，提出各种问题，清楚如何掌握、在哪儿锻炼公司急需的数字技能。他们在进入赛富时生态系统时会获得免费培训、辅导、指引和社区动态。

第二，直接交流可以促进企业的发明与创新。对企业而言，我们这个时代面临的最大挑战是如何招聘到优秀的人才，并鼓励他们跟上数字化的步伐不断迈向未来。不同世代之间的交流能带来无限可能，在这一过程中我们既能了解人才的心愿，也能更恰当地解决问题，对同一主题的不同心得也会激发出新颖的观点。例如在我的 TEC 项目中，身为学生的我就帮助赛富时公司成功落实了这个计划。数字新生代对问题的看法与婴儿潮一代完全不同。他们的观点可以丰富彼此的头脑，并由此迸发出一些新奇又具创新性的超级棒的想法。这样，双方既可以相互学习，又能相互启发。

真正的内部创业者在寻找合适的解决方案

从落实 TEC 项目的亲身体验来看，从年轻人到年长者，从学生到首席执行官，彼此之间都能在此充分交流。其中，有几点值得注意：

反向指导 从我的经验来看，反向指导对相互学习来说不仅非常重要而且意义深远。我缺少的经验和知识可在导师那里得到启发，导师会帮我做出一些决定。同样，导师也能从中感受到未来人才的思考方式，了解他们所看重的事情。尤其可以直接看到 Z 世代对技术和社交媒体等的态度，从他们的想法中为公司扩展新视角。

社区 成功社区的特征是社区成员兴趣相投、经验丰富和观点多样，例如，拥有行动者或内部创业的心态、对赛富时生态系统的兴趣以及开发自身潜力的愿望。在活动、网络与合作的定期交流中社区也日渐繁荣。共同的事业促进了成员间的信任。同时，社区也需要得到关注和持续发展。

态度 想法通常从问题中产生。首先要对问题有深刻理解，然后需要鼓起勇气尝试不同的解决方案直至成功。最糟糕的情况不过是这个方案解决不了问题，但我们也能从中有所收获。具体来说，在我意识到赛富时生态系统中没有足够的人才储备后，我试着以学生社区 TEC 的形式来解决这个问题。这次的成功让我感觉自己就是公司里的年轻企业家。

应彼此坦诚！

回顾过去，我想说，在自己的项目里融入导师的经验，这一做法极大促进了我自身的发展。我很快就学会了如何将想法转化为实践，如何向赛富时这样的公司提出自己的想法，如何激发人们的兴趣。

即便还在求学，我也已经能够深入思考并将想法转化为实践了，这对于我个人和赛富时来说都是一种成功。赛富时也意识到，内部创业思维与工作经验的多少并没有什么关联，也不是率先从企业高层的头脑中迸发出来的。相反，像我一样，新想法和新思维恰恰是在做自己的项目和与导师定期交流的融合中诞生的。

因此，这段时间我最重要的一个感受是：要彼此坦诚相待！年青一代虽然缺乏经验，但他们的创造力和雄心足以弥补这个不足。

项目实施期间我和提供支持的管理人员进行了交流，也对一些学生进行了访谈，这都让我有所收获，从这两类谈话中学到了同等重要的东西。因此，我的建议是：相互信任，彼此交流。如此这般，下一个具有创意的想法就可能从你们的头脑中诞生了。

Z 世代的眼中，目标不是一句空话[①]

[①] 本文作者是亚妮娜·穆茨。她是一名 90 后，也是德国舆论研究机构希维（Civey）的联合创始人及负责人，金融科技·科莫科（Fintech Comeco）和维根兹股份有限公司（Veganz Group AG）的监事会成员。亚妮娜极为关注创业和多元化，是柏林技术经济学院初创企业咨询委员会的成员，同时还是价值基金会旗下未来创新实验室的董事会成员。

职业生涯规划已经过时。至少对于Z世代来说，在他们的职业生涯中，"更快、更高、更远"的目标已不再重要。在他们眼里，在工作中发展个人兴趣以及为社会创造价值才是重要的。希维数据显示：在16~29岁的青年群体中，有52%的人会根据个人兴趣选择专业或培训，但只有16%的人基于职业发展进行选择。这在职场中成为一种趋势。选择雇主时，除了考虑工资（64%），他们也将工作与生活间的平衡（49%）作为重要的评判标准，职业机会（30%）落后于潜在的工作意义（34%），虽然重要，但并不是最关键的择业标准。

我们由此可以看出：作为雇主，除了晋升空间，我还要为这些年轻人提供更多其他的机会。在我的公司里，社会目的与商业发展模式紧密相连。作为一家数字市场和舆论研究公司，我们提供的信息渠道十分重要。我创立这家公司就是要为政治辩论或经济决策提供充分的以事实为基础的数据。在虚假新闻横行市场的当下，这一初衷的社会意义更加重大。在个体经济领域，让相关的利益群体参与进来也变得愈发重要。因为在这里，我们的数据可以帮助他们了解客户的想法，并在此基础上做出更合适的决定。在面试中我多次注意到，来自我们公司的数据成为众多应聘者做出决定的重要参考。

但是，仅此一点还不足以赢得青年人才的青睐，并使他们最终留在我们公司。为此，我还调整了工作方式以适应Z世代的新需求。疫情之前常见的僵化办公制度不会再出现在我的公司。对于那些已步入职场的人来说，他们早已适应了疫情时代的居家办公模式。学生们也是通过屏幕就能看到老师，无须出席线下课堂。尽管很多人渴望交流，但他们也不想再错过移动办公的机会。

作为老板，我也有所衡量，我试着在工作时间和工作地点上给予员工自由安排的机会，以便他们平衡好工作与生活。原则上，我们允许空缺岗位招聘兼职员工，其中也包括管理层岗位。在我与年轻应聘者的交谈中，他们常常会告诉我这是一种积极的做法。除了工作时间，工作地点的选择我也尽可能提供最大的自由，即便疫情过后，我们也会延续这种做法。在大多数的时间里，我们公司的员工可以在他们想待的地方办公，当然，并不一定要在家中的桌子上。员工们可以选择在度假地工作，这样做不会减少假期；他们还可以回到家乡在家人身边工作。在我看来，这些做法不但能接受还可以经常实践。例如，我的一位员工在西班牙工作和生活，她只需每月回到我们柏林的办公室一次。

除此之外，我认为有一条明确的界线来区分生活与工作也非常重要，虽然这条界线具有很大的灵活性，但仍然要泾渭分明。我从公司的调研数据以及自己作为企业家的亲身经验中都可以看到，Z世代十分看重日常工作的清晰结构。此外，弹性工作时间并不意味着每个人都要随叫随到。对此，我的公司开发了一套能够准确记录工作时间的系统。这个系统虽然听上去有些老套，但在工作中却益处多多，它可实时记录工作时间。从此，我们公司的员工可以独立安排工作时间，没有人为了让同事"看到"而迫使自己仿佛一直在工作。

在我看来，还有一点也值得关注，那就是有透明且开放的企业文化。我认为以"向我询问任何问题"为基石的早餐活动十分重要，它可以使我的团队更加透明。我和其他联合创始人在（混合）早餐交流会上会回答工作人员事先匿名提交的所有问题。问题五花八门，包括从人体工程学座椅到复杂的战略和金融主题等各个方面。

也有一些问题令我汗颜，因为我不可能把所有的问题都回答得面面俱到。但我注意到我提供的信息越多、真实性越强，我的团队就越发引以为傲。我常常在事后收到员工的大量反馈。不过，在这些反馈中，我还看到了一些员工会定期匿名发泄不满情绪。同时，经典的一对一当面讨论方式也同样重要。因为定期讨论既有助于形成开放的企业文化，也能让我收到一些负面反馈。

对我来说，有一件事情值得肯定：我为公司建设的工作体系行之有效。我虽然为此投入了大量的资源和时间，但也十分欣慰。从长远来看，Z世代将影响我们的工作文化。另外，那些在襁褓之中就已开始使用手机的下一代人也会提出新的要求。对于我和公司来说，持续转型无疑是一场挑战，但我们愿意迎难而上！

多样化是创新和潜力得到最大程度开发的源泉[1]

一

---

[1] 本文作者是玛丽·M. 鲍姆。她是威龙（Wlounge）集团的首席执行官和创始人。威龙是德国最大且最具影响力的科技网络之一。这位连续摘得桂冠的创业者和商业天使在创业平台的建立与发展方面有 20 年的经验。自 2020 年以来，玛丽一直担任欧盟创新委员会顾问和陪审团成员，她也是柏林参议院经济、能源和运营部大使。

从全球范围来看，几十年来，德国在创新方面一直停滞不前。我们的潜力没有得到充分挖掘，甚至都没能被看到。在整个欧洲，这种趋势也日渐明显。但亚洲、美国和以色列的情况却大不相同。Z 世代的到来让我们看到了曙光，因为他们具备打破目前尴尬处境的能力。他们各种各样的想法能与全世界紧密相连，加上德国教育的优势，这一代年轻人拥有颠覆性创新的绝佳先决条件，这些保证了德国社会与经济潜力的充分发掘。Z 世代满怀激情、十分果敢，对待新鲜事物持有开放态度，我们的未来离不开他们。

如何成功推动突破性创新，如何使潜力得到充分发挥，为什么 X 世代有义务支持数字原生代的工作，这些都是我想讨论的内容。

作为两个 Z 世代孩子的母亲，我清楚如何使这些年轻人在公司里自然而然地适应女性的领导。他们有自己的看法，他们倡导使用加密货币，热衷于各种形式的正义活动、追求可持续的生活或资本，这些特征在前几代人身上几乎看不到。他们更加自制、更加开放，他们的机会也越来越多。无论是青涩的男孩和女孩，还是成熟的男人和女人，都是如此。我们必须意识到他们方法多样、需求各不相同、工作激情也无法比齐。我们有责任让他们适应现有的制度及文化，因为只有这样，人才流失效应才不会在欧洲出现。

重要的是心态！我的人生格言是：把沙漠变成绿洲

在建立了全球性业务并先后在硅谷、纽约、中国多个城市和特拉维夫等地工作后，我又在八年前来到了德国。在这里，我遭遇了创新领域的荒漠。几乎没有女性去推进创新，担任重要职务或从政的女性也是屈指可数，更听不到有女性去做创始人或未来项目投资者的消息。

我将上述问题视为一种机遇，于是我就看到了一片光明。

经验告诉我这将是一个回馈社会的机会。而且我很快就意识到，我们需要一个能够改变这些境况的公司。就这样，如今的威龙诞生了。成绩的背后是各种人为之付出的辛苦，从创始人、企业家到大使和政客都在努力。他们都认为，如果我们不在各个领域和各个职能部门实现多样化管理，那么 Z 世代就会抛弃德国，而且是以很快的速度。

这尤其适用于生态系统网络，因而，我们的网络除了高居重要职位的 Z 世代加入，还有政客以及大中型企业和员工的支持。在此，我们持续关注具有潜力的领域，如女性领导、女性创始人或女性投资者所在的领域，有趣的是，我们总是在与男性建立直接合作，他们往往是我们的最大支持者。

我们是如何处理具体问题的？

- 我们要摆正心态，支持创始人是理所应当的，作为投资者，我们不仅要提供资本，而且要传授知识，要给他们提供人脉，帮助他们获得技能，鼓励他们全方位发展。
- 我们与西门子、保时捷、德国电信等公司交流了多样性作为创新驱动力的话题。

- 我们清楚，Z世代是我们这个时代的新潮流，他们只会在企业文化与自己的价值观相符的公司工作。

Z世代与生俱来的特征和成功要素：多样化、数字化和可持续性

8年前我们与千禧一代讨论每一位女性都能胜任自己的角色，如今我们又与Z世代谈论这个话题，无论她是导师、创新者，还是创始人、投资者。事实上，威龙十分关注女性。即便如此，我们仍需要男性参与各种活动，因为这样可以彼此丰富和相互补充，并能够在多样化发展的意义上挖掘出最大潜力。例如，风险投资公司运行良好，但由女性领导的风险投资公司并不多。现实情况往往是，大多数投资者是男性，而且他们通常会为男性主导的公司投资。

如今，Z世代的特点在于他们会以一种完全自然的不偏不倚的方式接纳多样化的想法，拥抱数字化与可持续性的生活，并将其融入日常活动。此外，这些青年人才重新定义了金钱、财富和满足感的意义，并将其最终归入自己的价值体系。这对家庭来说通常是一个挑战，但可以通过生态系统网络和社区，如威龙，达到很好的平衡。

多样化也体现在工作中。可以说，多样化发展涉及德国境内的每家公司。未来的100年都是如此。而且与人才打交道的话题会经久不衰。否则我们该如何解释德国从其他国家雇用了大量人才，尤其是技术和创新领域的人才？

这就意味着，尽管德国有精英大学和卓越的培训，但教育系统显然还没能为未来的企业家们提供充分的关于自由、思维方式、设计理念及其他方面的基本技能锻炼。而这一缺陷又被延续到企业中。很少有企业对员工实施领导技能培训以及企业内部管理等方面的指导。但在我们公司，员工可以通过威龙讲授的12种领导技能"WDL"进行深入学习。因为对于成功的创新企业家和公司职员来说，积极的心态、据理力争的态度、不自负的状态以及良好的情商和认真处事的风格都是未来不可或缺的能力。

要言行一致，否则Z世代的学识会为他人所用

几年前我还很客气，不会直接针对某一问题，我不想得罪任何人。自从我反思了自己的价值观并始终如一地遵循它们以

来，我便不再用以往的方式了。如今，我只与价值观相符的人及公司进行合作。比方说，若有人不认可多样化的作用，那么他/她就不适合我们的生态系统网络，这虽然没什么，却是我拒绝合作的一个因素。因而，对于每一个想要充分发展自身潜力的人来说，拥有合适的网络和周边环境是非常重要的。而且，也不会有人说你不能这样做。

言行一致是另一个需要践行的关键要素。当下，在德国，女性占比为51%，因而经济上也有她们一半的贡献。所以，我们鼓励妇女去实现她们的梦想，而且她们拥有这样的权力。每个人都可以决定自己的生活，无论她想成为一名重要岗位职员、扮演母亲和领导的双重角色，还是担任一个多元化团队中的创新者。做出何种决定只取决于她们的想法。

简而言之：现今社会我们急需转变思维，适应新的文化，现在开始还不算晚，无论中学还是大学抑或公司都应如此。同时，我们也需要得到前辈们的支持，因为我们有责任把学到的知识、从错误中汲取的教训，连同快速发展的资本都传承下去。我们既要谨防Z世代带着他们的学识流向别处，也要谨记梦想越高远，未来才会越广阔！

有移民背景的青年人才是公司成功发展的重要因素 [1]

---

[1] 本文作者是古尔萨·威尔科。爱达健康（Ada Health）是一家全球领先的数字健康公司，在 150 个国家拥有 1100 多万用户，并在 2018 年荣获最热门的健康创业奖。古尔萨·威尔科就是爱达健康领导团队的一员。在此之前，作为阿克塞尔-施普林格公司（Axel Springer）的投资者，她曾经负责公司运营、定价和投资组合工作。威尔科热衷于打造多元化团队以及确立公司在科技领域的领导地位。作为双心网络社区（2hearts）的联合创始人，她利用自己的经验、专业知识以及网络促进具有移民背景的人才在科技生态系统中的发展。

在德国，30% 的 Z 世代具有移民背景

《2020 年 DJI 青少年移民报告》的数据显示，德国 25 岁以下具有移民背景的年轻人约有 670 万。他们说着两种语言，在两种文化中长大。因此，有移民背景的青少年有时会有两种不同的世界观，其中一种显然受到母语国家与母语文化的影响，他们通常对"与众不同的事情"持有开放态度，并在社会问题与政治话题的讨论中展现更为开阔的视野。

企业能从这些年轻人身上有所收获，因为他们所提供的外在视角可使企业更好地了解不同国家与文化的客户及合作伙伴，知晓他们的意见，开放接纳他们的反馈，并尽力满足他们的需求。在我们这个全球化的社会里，产品可能遍布世界各地。因此，团队越是多样化，在将其他国家和文化的客户需求纳入产品开发方面就做得越好，创新也会更好。

但令人遗憾的是，具有移民背景的年轻人往往来自处于社会弱势地位的家庭，他们在教育上也没有优势。这导致他们在经济社会中难有自己的出路，因为今天很多企业都看重证书和文凭。那些没有毕业证或学位证的人通常会被淘汰。

移民儿童在学校学习和社会闯荡中会表现出超强的韧性与不屈的意志，这些特征恰是企业走向成功的必备因素。他们中的很多人拥有不放弃的意志与质疑现状的态度，并能将困难视为动力。这会让他们成为有价值的员工。很多企业并未充分利用这些人才。这对双方都是损失。

这项研究告诉我们，为什么拥有移民背景的年轻人是公司成功发展的重要因素，为什么公司要支持这些年轻人，公司具体该怎样做。

一个经历或许改变一生

作为有移民背景的年轻女孩，我不得不克服重重挑战。我至今仍记着老师说过的一句话。那是在一堂课上，我是唯一将一个问题回答正确的学生，但老师却说："看哪，就连我们的土耳其女孩儿古尔萨都知道答案。"

小学毕业时，我被老师推荐到普通中学[①]就读。最终，由于母亲的坚持，我得以在文理中学继续学习。这可真是正确的选择。我跳级了，并以在北莱茵-威斯特法伦州的全部学校中排名第一的成绩毕业。

不过，到目前为止，我人生中最关键的时刻还不止于此。我想学习，想去欧洲商学院学习。那是一所私立大学。这算是我的机会吧？评估中心那边还算顺利，但我没有足够的钱去支付学费，我的生活更是捉襟见肘。毕业后我先工作了一年，也因此积攒了一些钱，但这远远不够。我的父母也没有能力支付这笔费用。尽管如此，我还是想获得尽可能好的教育，因为我知道那是一道通向远方的大门。我最终成功申请到银行的贷款。那一年，我19岁。

而接下来的事情成了我人生中的关键：我获得了沃达丰

[①] 德国的中学基本分为实科中学、文理中学、普通中学三类。另外，在一些联邦州还设立综合中学。——译者注

（Vodafone）的全额奖学金，那一年它为具有移民背景的学生设立了奖学金，并在学校评估中心发现了我。虽然沃达丰的这个项目现在已经取消了，但它对我的职业生涯产生了决定性影响。我们必须让更多的人有实现梦想的可能。对于年轻人来说，这种奖学金的优势显而易见。那公司由此能得到些什么呢？他们能直接接触到未来的顶尖人才。

建设文化多样化的未来科技社会是我们的使命

有移民背景的年轻人要想拥有更好的职业机会，教育和指导是关键。双心网相信每个具有移民背景的年轻人都有两颗跳动的心，它们分别代表着两个国家、两种语言和两种文化。这个网络最初只是面对柏林地区的地方网络，但如今已发展成德国最大的科技社区，为用户提供指导，使用户相互促进。

在指导计划中，双心网为处于弱势地位的移民青年提供了机会。他们可以与科技行业内经验丰富的成功人士交流，向他们取经，同时这些年轻人也可能获得更多的就业机会。双心网的目标是为大家提供可以自我展示的机会和支持移民们走自己的人生道路。

我们的成功之处在于打造了一个汇集志同道合者的网络平台。这个平台使用户收获建议并彼此建立联系。同时，借助平台，移民青年还看到了成功范例，为自己树立了榜样。

我们自己就是他人的榜样。当再次见到学员法丽莎时，我仿佛看到了年轻时的自己。我更加确信自己一直以来的看法，对目前职业的自豪感也油然而生。

"成为你年轻时所向往的那个人。"——这就是我和双心网努力的动力。在企业越来越多的帮助下，我们可以为千千万万的年轻人打开这扇门，让他们走自己的路，用他们的才华充盈企业，促进创新。有移民背景的员工也能在公司中担当重任。他们是人才榜样，对内可以激励员工成长，对外也可以推动企业的发展（比如打造招聘/雇主品牌）。

要让具有移民背景的员工融入公司现有体系，其中一个行之有效的做法是在他们身边安排一名有经验且有移民背景的同事，这让他们产生一种人生贵相知的感受。

每家公司都可以鼓励并帮助有移民背景的年轻人，可以通过奖学金提供经济上的支持，或提供向公司榜样看齐的心理支持。对于公司来说，任何形式的鼓励都会有所回报。

CHAPTER
FOUR

4

第四章

如何俘获 Z 世代群体？

年轻人只会对那些关心自己的品牌青睐有加[①]

[①] 本文作者是全阮。他是戎马（Jung von Matt）的合伙人，戎马·书虫（Jung von Matt NERD）的创始人和施潘道电竞团队（Eintracht Spandau）的联合创始人；游戏、娱乐、粉丝和新流行文化方面的专家；曾协同梅赛德斯-奔驰、宝马、麦当劳和品客等蓝筹股进入游戏及新数字大众文化领域；两次被《资本》杂志评为"40岁以下的顶尖人物"，荣获W&V"100强"及《纺织经济》期刊的"百强设计师、思想家和颠覆者"等称号。全阮曾先后就读于马斯特里赫特、新加坡和鹿特丹的高等学府，现任职讲师，工作之余撰写了许多涉及多个领域的研究报告和专业书刊，曾担任戛纳电影节多种奖项评委。

新的一代，新的流行文化

比莉·艾利什被当作日本可动人偶的原型，特拉维斯·斯科特在视频游戏《堡垒之夜》中变成了太空巨人，史努比狗狗则成为虚拟世界的一个图像。而叶（Ye）（原名坎耶·维斯特）在他的发布会上也借用了日本动画电影亚基拉。与此同时，超级英雄和科幻电影正在打破票房纪录，电子游戏业也悄然却毫无悬疑地成为头号娱乐产业。"非同质化代币"[①]露露乐蒙或者Peloton（美国互动健身平台）虽然没有被耐克收购，却受到

---

① 非同质化代币，是一种基于区块链技术的数字资产权利凭证，可以通俗地将其理解为登记在区块链上的数字资产"证书"。——译者注

一家名为 RTFTK 的元宇宙公司的青睐，这也使加密货币和区块链快速登上 2021 年的谷歌热搜。

颠覆以往形象，书虫变成摇滚明星

我们这个时代，最有影响力的大人物也会谈论这类话题。它们背后的数字着实让人激动：如今，游戏、电竞、奇幻、科幻、动漫、超级英雄和卡哇伊（代表了东亚的可爱文化）的市场份额高达 2500 亿美元。相比之下，众人吹捧的足球运动最高也才能创造 450 亿美元的价值。十分有趣的是，我们的头脑中还有对早期生活的其他印象。几乎每部美国高中电影都有相似的桥段：橄榄球场上帅气的四分卫、自信的朋友、漂亮的拉拉队，以及电脑迷们交换着卡牌。如果幸运的话，那些极客还被塑造成小可爱，成为主人公的小跟班。尽管如此，曾经的他们仍然不够酷。

埃隆、盖茨、贝佐斯和祖基——精明、数字化和富有的象征

人们逐渐改变了对书虫的传统刻板印象，个中原因十分简单：他们中的绝大多数都很聪明，都喜欢玩电脑。看看2022年，再看看当今世界真正的富人，你就会发现书虫并不差。另外，粉丝文化和流行文化中涌入了很多新元素。是的，和你想的一样！目标群体就是年轻人，当然，这一点你肯定已经知晓，否则你就不会购买此书了。

数字财富经济：年轻人用时间换取回报

很明显，我们讲的是年轻人。但现在你肯定想知道，这些年轻人是否都那么有钱？你也想问为什么梅赛德斯-奔驰和宝马，还有路易威登和巴黎世家都要进军游戏领域？答案很简单：如今让青少年和学生赚钱的机会数不胜数，这在过去是无法想象的。今天，年轻人可以用他们最宝贵的时间资源来换取对他们更为有利的东西。比方说：在一家运动鞋专卖店排队花199欧元买下一双鞋，然后以2000欧元的价格转手卖出。在加密货币上投资几百欧元，如果运气好就能挣得4位数的利润。此外，如果有人长相出众或者性格有趣，又或是二者兼备，那他可在TikTok和YouTube视频网站或Instagram上创建账号，每发一条动态就能赚取100~1000欧元。而那些不喜欢发布动态的人会在Twitch（实时流媒体视频平台）直播，有人会分享视频游戏，也有人会直接对着镜头畅谈。一些玩家还会在电子竞技锦标赛上挣些零花钱。虽然这些钱不够买一辆宝马，但对那些自幼就被高端品牌和奢侈品所围绕的人来说，他们长大后也不会开欧宝。现在的问题是：如何接触到这些人？

哈瑞宝 × 超级玛丽——当传统遇上粉都文化及流行文化

对于传统品牌哈瑞宝来说这是长期以来的首次联名合作。自蓝精灵以来，还从未有品牌以这种方式出现在哈瑞宝的包装袋上，哈瑞宝的目标是增强该品牌在粉丝文化中的地位。实现这一目标的最好办法是借助一个影响了几代粉丝的角色（知识财产）——超级玛丽。与经典的、给童年带来影响的两大品牌合作需要更多的谈判技巧。因为这两个注重传统的公司对包装袋上出现的形象都有自己明确的想法。我们最终说服哈瑞宝放弃心中的固有观念，设计出一款对粉丝文化有意义的产品。对于我们来说，包装的印刷固然重要，但凸显超级玛丽形象的动画设计更为重要。这是对整个流行文化的赞赏。

成为一个受欢迎的品牌必须付出爱

过去五年，我们为梅赛德斯-奔驰、品客和哈瑞宝等品牌服务。我们代表着社区和品牌行事。其间，我们总结出三条规律。

第一，粉丝们只在乎那些关心他们的品牌。

爱需要双向奔赴。要想得到爱，也必须付出爱。对于书虫和极客更是如此。这不仅是对爱的赞赏，还关乎曾被误解的一群人，他们的热情应该得到尊重和接纳。因为在很长一段时间内，他们被贴上死宅一族的标签。

第二，这是文化营销，不是渠道营销。

除了算法和千人成本，更重要的是要有洞察力，要掌握正确的语言，尤其是要认识可以信赖且具有街头信誉的人物。总之，渠道营销是将营销渠道化，避免过杂，而文化营销则是围绕着促进社区发展而进行的。

第三，不要问是否太呆板，要问是否足够呆板。

书虫和极客们对自己的定义总是围绕着他们对一个话题的

认知程度而展开。品牌的发展起点是要鼓起勇气全力以赴，就像起初思考社区本身那样思考品牌的未来。毕竟，这样做不仅是为了自己，也是为了粉丝们。

因此，如果想成为一个受欢迎的品牌，首先必须付出爱，支持这种文化，并用书呆子的视角看世界。

将年轻顾客变成粉丝[①]

[①] 本文作者是丹尼尔·格里德尔。丹尼尔于 1961 年出生于美国,曾在苏黎世学习经济学。1997 年,他加入汤米·希尔费格并于 2014 年成为该品牌的全球市场及欧洲区的首席执行官和总裁。自 2021 年 6 月起,担任雨果博斯的首席执行官。他目前居住在苏黎世,有两个孩子。

移动和社交第一的策略

在这个日新月异的数字化世界中,品牌必须不断自我重塑才能贴近客户,尤其是年青一代的客户。雨果博斯曾是时尚领域的顶级品牌,但近年来品牌地位有所下滑,目前正在努力重返巅峰。成功复出绝非易事,但如果能再登顶峰,这将是一个壮举。

明确的目标战略以及良好的心态是回归的基础。我们的目标是:到2025年成为全球百强品牌之一,并力争俘获年轻粉丝的喜爱。因为粉丝的爱是死心塌地的,他们也有持久的热情。我们主要是想唤醒雨果和博斯两大品牌——使它们更加贴近潮流，更受欢迎，尤其是要受到Z世代和千禧一代的青睐。我们的解决方案是：对两大品牌进行全面更新。

在未来的商店里，销售是一方面，另一方面还要提供情感、经验和"7×24小时"全天候服务。让客户成为粉丝，移动和社交第一的策略是成功的关键，这尤其适用于年轻的客户群体。

2022年初，我们启动了全球品牌更新计划，并同时开展了两场"社交第一活动"。博斯的活动代言人说出了年轻客户所认同的座右铭：自我主宰。出席活动的有超模肯达尔·詹纳、海莉·比伯和琼·斯莫斯，说唱歌手休特，抖音达人卡比·拉姆，歌手兼演员李敏镐，跑步运动员艾丽卡·施密特，网球冠军马泰奥·贝雷蒂尼和职业拳击手安东尼·约书亚。他们都展现了Z世代对博斯的看法。

从这个案例中可以看出，移动和社交第一的策略以及制作与年青一代有关的内容才是成功的关键。

把握当下

2022年1月，麦琴根时尚公司推出了雨果和博斯品牌的两项全球活动。主办方在37个城市里投放大型户外广告，世界各国的客户都可以体验到，尤其在社交媒体上。在社交第一活动开始时，220多名网红在他们的账号上发布了该项内容。

近50年来，该集团推出了新的产品标识，并全面推进品牌复兴。这是该集团步入新时代的开始。这两场活动非常关键，是集团在未来几年挺进全球百强品牌的重要战略布局。对于一家早在1924年就已成立的传统公司来说，完成这个任务并不容易。

刷新品牌走近Z世代

我们的活动在全球范围内反响热烈，对此我们也非常激动。多亏Z世代明星阵容的助阵以及社交第一策略的持续推广，这项活动才得以在短短11周内就有213亿次的浏览量和9亿多次的互动量。为了打造烟花表演和推进其他措施，我们将2022年第一季度营业额的10%投入市场。与2019年同期的营业额相比，2022年增长了17个百分点。

这场活动的核心目标是重新定义雨果和博斯这两个品牌。当然，也不能忽略现有客户。我们走出这一步是因为我们意识到公司的未来与年轻客户群体也息息相关。博斯品牌从表及里都焕然一新，系列产品也有了明确分类。带有新标识的个性连帽卫衣是该时尚集团有史以来最热销的产品。迪拜举办的时装秀也是品牌回归的活动之一。其目的是回顾时装界的以往时尚，并为其添加数字化的新内容。时装秀通过不同渠道进行全球发布，成功地吸引了来自世界各地的粉丝。仅在 YouTube 平台，这场活动的瞬间点击量就高达 3200 多万。

雨果还为 Z 世代推出了季节系列时装。棕榈泉科切拉音乐节是最贴近 Z 世代的一项活动，这里因汇集有潮流意识的年轻游客而闻名，很明显，这场音乐节也就此成为接触客户的最佳场合。我们还为抖音上的明星及网红提供特殊平台来发布这项活动。不到两周时间，社交媒体就有 13 亿次的浏览量和 2330 万次的互动量。

基于年轻客户离不开网购的事实，我们重新设计了官网旗舰店。网页在视觉上更具吸引力，也更符合用户需求。很快，品牌回归活动在销售额上开始有所体现。

以积极的心态与良好的承诺同年轻人平起平坐

这样的品牌复兴，尤其在如此短的时间内推出两项全球活动需要付出巨大努力。清晰的共同目标、正确的战略安排是成功的关键，此外还须有人愿意全力以赴。

我们正朝着再次挺进世界百强品牌的目标大步前进。"CLAIM 5"战略是其中的一个重要环节，内容包括：提升品牌、产品至上、数字引领、全渠道再平衡以及增长筹备。其重点是为消费者打造全新体验，进一步优化产品。我们的决策都以数据为依据。目前，我们在葡萄牙建立了数字校园，用来分析数据并在此基础上推荐受欢迎的产品。渐渐地，我们越来越清楚顾客的喜好。

能与年青一代平起平坐也是成功的关键。要想彻底了解Z世代，需要对他们真正产生兴趣，还要与他们的代表直接交流。定期的公开的交流是重中之重，尤其是要学会倾听。我个人非常有意识地去这样做。因此，公司应适当提供相关平台，以便让Z世代参与到决策中来。

还有一点也很重要，那就是我们应始终牢记目标，并坚信没有什么是不可实现的。

真实比完美更重要：
社交媒体中的内容创作要遵循其自身规则[①]

[①] 本文作者是黛安娜·楚格·乐维。她是内容创作者和天使投资人。她在 Instagram 上坐拥 100 余万粉丝（见 @dianazurloewen 账号），借助这个平台，她和粉丝们一起谈论政治问题，讨论有关创业以及明智投资的话题。2018 年，黛安娜作为联合创始人，与合作伙伴共同成立名为科迪工厂的创新咨询公司。2020 年，她开设了一家名为莫雷森的网店。2021 年，又创办了启航投资公司，同年，她还发起了有关精神健康的请愿书，该请愿书被纳入联盟协议。黛安娜本人一直热衷于精神健康主题的探讨和推广工作，倡导以健康的方式使用数字媒体。

现在的网红不再依靠电视和脸书，他们主要依靠 Instagram、TikTok 或 LinkedIn 平台，此外，还有播客或者 Discord（综合性社交媒体平台）等。而传播也正在变得越来越利基化。这种情况贯穿了整个营销和传播领域，伴随着无限的可能性，传播渠道也越来越多样化。同时，这些变化有时还会受到社会因素的极大影响，比如新冠病毒的出现。TikTok 和网红们在大众的日常中变得越发重要。内容创作也有了新的重点和趋势，例如去中心化自治组织①，还有所谓的 Discord 渠道②，这些都进一

---

① 是新的合作形式，其核心思想是所有合作者应水平相当，能够站在同一高度。在此背景下，生态系统比中央控制平台更常见。
② Discord 源自游戏行业，是一种针对某些话题的私人聊天方式。话题可能是金融主题，包含不同的子频道，如"可持续投资"或"房地产"。

步推动了传播渠道的新发展。

本案例研究向我们展示了社交媒体时代传播途径变迁的迅猛速度,以及让数字原住民和网红参与内容创作设计和实施的重要性。

社交媒体世界如同通往未来的时光机

10年前还是网红专属,4年前就已过时,2022年的今天,则完全是另一番天地。举例来说,4年前,我仍在聘请摄影师每天为我的频道进行拍摄制作,今天,每天就可以完成5个视频的制作,而且绝大多数都由我自己独立完成,只有少部分内容需要专业摄影。

就年龄在18~25岁的目标群体而言,他们使用社交媒体的时间平均为每天4小时。

对此,企业的反应通常有两种:要么已感知到这种发展并积极采取行动;要么忽视发展,继而错过通往未来的时光机。现在的年轻人比以往任何时候都更加注重生活的意义和价值。无论在休闲时间,还是在工作之中,或者在购买产品和享受服务的时候,他们都在寻找这种意义和价值。因此,我们现今收到的问询比以往任何时候都要多，同样，企业和网红们所传递的信息也受到空前的关注。

如何找到正确的渠道来接触相应的目标群体，并且能够一针见血地提出合适的问题，在对企业进行宣传的同时还能完成工作动员，这是一门艺术。

越来越多的初创企业向我们展示了如何以明确的目标和正确的内容实现企业与市场的互动。为什么以及如何在社交媒体上与网红成功地进行交流，这也是很容易解释的。

每日更新、规律发帖且内容简短的网络博主更有前途

2021年，我和反虚假新闻博客的副主编安德亚斯·贝戈尔茨（Andreas Bergholz）共同发起了一个请愿，要求增加医保支付的心理治疗名额。这个请求最终被列入联合协议。令人兴奋的是，一周之内，就有10万多人为此签名。因为心理健康涉及每个人，所以，这个问题一经提出就被大大小小的博主热议，掀起了网络热潮。博主及其受众主要是Z世代。因此，这个案例也能很好地说明Z世代是如何在各种传播途径中使用经典工具（如请愿书）的。通过请愿或者政治参与可以接触到更多的人，参与者们可以互动，也就是说，我们可以利用自己在社交媒体上的影响力，一起做出一些改变。

取得成功的一个原因在于忠实于自己及目标群体的价值观。一些企业在毫无这种意识的情况下就开始行动了。例如，倘若化妆品公司一边宣传自己产品的天然成分，一边却仍在进行动物试验，或者某食品品牌声称专注于健康问题，却生产高糖产品，就违背了自己的价值观。一旦这样做，不仅毫无真实性可言，甚至还是一种欺骗。

基于以上情况，我建议企业进一步加强所选主题的专业化建设，比如在运营方面、在财务方面。只有这样做才会得到目标群体的认可，这也是接触目标群体的最佳方式。

另外，对于社交媒体工作，我们也有一些简单的建议。例如，首先观察最新趋势，然后再开始一天的工作。我们可以先将这些趋势与自己的主题及经验进行比对，然后立足自己的视角进一步完善内容。发表形式多样，既可以通过视频声明原创的形式发帖也可以以推荐观看的形式转发。在平台排行方面，TikTok仍然遥遥领先，其次是Instagram和LinkedIn。在TikTok的所有用户中，70%是Z世代。另外一点，在TikTok

受到欢迎的视频也往往会出现在 Instagram 和其他平台。

从设计上来看，这些平台上的视频画质清晰，且采用 9∶16 的画面比例。此外，短视频更容易被频繁转发。

我在为自己和广告商制作视频时发现，如果用手机摄像头拍摄视频，再为之配上简短又亲民的介绍，效果往往要比过分注重美学效应好很多。而且，要想得到更多的关注，可以在视频开头提出一个开宗明义的问题，设定一个论题或提高图片的分辨率，这些都十分重要。

显然，真实性远比完美主义更重要。此外，在社交媒体中，数量和质量是齐头并进的。这也是要一方面专精于主题，另一方面以不同的方式方法重复内容的原因。举例来说，同一内容可在不同地点拍摄，比如一次在商业化大都市，一次在安静的自然环境，一次在现代的多人办公写字间，只有这样，我们才能收获新观众。

给你的品牌打造令人信赖和喜爱的形象

如果想让自己的品牌与众不同，那么邀请上一个或若干个能体现企业面貌的人来助力会是正确的选择。无论是企业掌门人或创始人自撑门面，还是请网红来代言，都会收到良好的效果。就后者而言，往往无须邀请大牌明星，一位拥有不足5万粉丝的网红不仅代言费更便宜，而且还会更专注于某些利基市场。因此，从整体表现来看，这样做会更为高效。

要想更好地使用社交媒体（尤其对Z世代博主来说），应注意以下几点：

- 更多亲手打造的内容，且要简短、有关联和高频率更新
- 符合年轻人的价值观，比如真实和信任
- 与Z世代的雇员、合作伙伴或顾问合作，以便尽早捕捉潮流和趋势

相反，以下做法往往会成为公司发展的绊脚石：

- 执着于完美主义
- 让粉丝等待漫长的更新过程
- 在与网红合作中，过多地干涉甚至管控，使其失去创造力

成功的企业会选择与年轻人进行交流，
而不是对其评头论足[①]

[①] 本文作者是雅艾·迈尔。她是 ZEAM 的联合创始人。作为商业和媒体界的青年才俊，雅艾深知 Z 世代的潜力。14 岁时，雅艾在一部故事片中担任主角，开始了演艺生涯；17 岁时，她成为《瑞士日报》最年轻的雇员；19 岁时，她创办了 ZEAM 公司；20 岁时，她成为母亲。雅艾今年 22 岁，曾入选《福布斯》30 位 30 岁以下精英榜，并两次被评为"领英最强音"（LinkedIn Top Voice）。

Z世代的兴趣点与其他世代截然不同

直到2020年，年度青年流行语是由一群年长的人挑选出来的。而年轻人面对这些"他们的用语"，表情如出一辙，都是满脸迷茫。从2021年开始，年轻人可以通过投票的办法，自己来决定他们日常生活中最流行和使用最频繁的词语。和其他的例子一样，这种情况说明了如果把目标群体排除在与他们相关的调查之外，将会发生什么。很显然，调查结果并不能如实反映情况。

我们ZEAM能够帮助企业接触到Z世代群体。在过去的几年里，我们与一些大公司合作，共同推出了众多项目，并积累了很多相关经验。在此，我们想将这些经验整理汇总，分享给各位读者。

许多企业发现，它们与这些年轻的目标群体的距离正在以前所未有的速度增加。它们每天都在失去年轻的客户，越来越难以受到青年人才的青睐，因而不得不奋力寻找激励这些年轻人的办法。我认为，解决问题的办法其实很简单，我们只需要与这些年轻人进行平等交谈，而不是对他们指手画脚。

Z 世代就是如今的年轻目标群体，对待他们要以一种不同于其他世代的方式。这代人每天会花上 4 个小时看智能手机，对他们来说，数字世界不是虚拟世界，而是生活的延伸。这些年轻人在游戏中创造属于自己的世界，在 Twitch 上交友，还兴致勃勃地拍摄 Tiktok 视频来吸引成千上万的观众。相应地，40 岁的营销天才认为他们早已知道什么样的活动才能令 14 岁少年流连忘返。

通过这个案例我们可以看到代际合作有多么重要，同时，我们也知道了为什么有必要让年轻人参与他们感兴趣的决策与战略。

如何通过数字渠道促进实体商店的回归？

为了让年轻的目标群体重新回到实体店，2021年圣诞节前夕，瑞士苏黎世最大的百货商场内新开辟出一块场地。商场在很久以前就已经面临年轻顾客越来越少的情况。因此，商场想借助年轻人所喜爱的阿迪达斯品牌来缓解这种危机。这块新场地布置得十分现代，里面有时髦的街头服饰、DJ布景，还有威雅和阿迪达斯这样的时髦品牌。不过，品牌经理虽然知道要以数字的方式将Z世代重新拉回实体店，却一直没能找到合适的办法。就这样，我们开始参与这个项目。

我们与百货商场的营销部门共同获得了一笔经费，用来促销和宣传，借以使瑞士的年轻人知晓这块新场地。

浪潮就是这样产生的

阿迪达斯是这样做的：它们选择了一个平均年龄只有21岁的团队为其做代理。显然，这种做法有悖常规。不过我们知道，这是出于对我们的充分信任。

一项活动应该主要吸引目标群体，而不是出资者。这是很多企业都面临的难题。它们甚至问自己，怎么会赞助一项对自己没有吸引力的活动呢？将产品举到镜头前或者通过海报为商品做广告，这些做法早已不再适用。我们必须让自己走进Z世代的世界，这也是将Z世代纳入活动规划之中的原因。

一方面，我们要知道，这个活动一定要在这些年轻的目标群体经常出没的地方——社交媒体上进行宣传。另外一方面，我们想做一些只有Z世代才能做的事情。

几个星期以来，两位TikTok主播阿迪托罗和汉娜·托尼克之间发生的故事成功吸引了数万年轻人的关注。所有人都想知道这两位分别来自奥地利和瑞士的年轻人是否为一对情侣。我们团队因一直在密切关注并追踪着这个故事，也断定这将是个热门话题。由此，我们产生了将其植入阿迪达斯品牌计划的想法。汉娜受邀来到瑞士与阿迪托罗相会，约会地点恰好在苏黎世珍茂黎百货商场的阿迪达斯新店。我们将他们的会面以最快的速度做成两段视频并上传。这些视频一经播出就如同病毒一般开始迅速传播，点击量超过600万次，一度在YouTube的热搜榜中位居第七。在对4150人进行的一项专业调查中，我们还发现，与TikTok上播放的传统广告相比，情景广告更为醒目，更具娱乐性，也更为新颖和令人难忘，当然也就更具有说服力。这也表明，一个量身制作的广告（比如针对特定频道和目标群体的广告）会收到更好的效果。我们可以这样说，这项活动取得了巨大的成功。

欣赏和信任是与 Z 世代成功合作的秘诀

这个案例能够成功，是因为阿迪达斯对年轻人有信心，相信他们一定会做出一些令另外一些年轻人欢欣鼓舞的事情。同时，这种信任也是一种实事求是，毕竟人的认知和能力都是有限度的，不可能对一切都了如指掌。这些都为多元化的团队以及彼此间的合作提供了良好的基础。

无论是我们团队的所有成员还是两位内容创作者，他们的年龄都没有超过 25 岁。在项目实施的整个过程中，我们几乎可以自由发挥。但在战略层面，我们从阿迪达斯品牌经理那里得到了宝贵的意见。他们不但对这个品牌了如指掌，还参与了许多宣传活动，此外，还深知哪里存在潜在的危险。另外，我们非常清楚是什么改变了年轻人生活的世界，也知道年轻人的话语，同时还会故事营销。这个案例还反映了成功团队的特质，即每个人都专注于自己所擅长的东西。

最后还要说明一点，只有相互欣赏才能使代际合作取得成功。要耐心倾听我们年轻人的意见，认真对待我们的想法，不要轻易忽略我们的判断。同时，所有的人都要知道自己的责任，并清楚自己在哪些方面仍然依赖于经验。最好是，能力相当的人聚在一起，相互倾听。倘若这些年轻人表现轻狂或者因经验不足而显出稚嫩，其他人完全可以视而不见。

如何创立一个 Z 世代专属品牌[①]

[①] 本文作者是丹尼尔·克劳斯。他是弗利克斯（Flix）的首席信息官，负责技术和人力资源领域的工作。他和公司的其他创始人将弗利克斯打造成全欧洲最大的长途客运服务商品牌，在最近的几年里，更是将公司的业务扩展至全球。克劳斯还是投资者和多家顾问委员会的成员。他热心于教育、创业和创新，在弗里德里希-亚历山大大学任教，是德国最大的企业家教育非政府组织"创业青年"的积极股东以及促进社会可持续性发展"主动反击倡议"（FightBack）的联合创始人。

每个周五，当斯文佳登上弗利克斯巴士的时候，她知道还有9个小时的旅程在等待着自己。2022年斯文佳24岁，住在慕尼黑，她的男朋友住在柏林。他们是2021年在一个音乐节上相识的。斯文佳也可以选择乘坐火车，速度会更快，但是价格也更高。同时，考虑到环保问题，斯文佳是不会乘坐飞机的。不仅如此，因为环保理念，她已有一年多没吃肉。在车上，她找到自己的座位，放好背包，正准备戴上耳机的时候，看到了坐在邻座的女孩儿。于是，她们攀谈起来。斯文佳十分喜爱这种偶遇的聊天。女孩和斯文佳同龄，非常友善。她们都谈起异地恋的感受，斯文佳谈到了自己的经历。每个周五，她都会满怀期待地登上弗利克斯巴士；周日傍晚返程的时候，心中还是激情澎湃。客车已经行驶了几个小时，夕阳西下，落日的余晖温暖地洒在了斯文佳的脸上。她戴上了耳机，将头靠在窗户上。她意识到，乘坐弗利克斯巴士早已成为自己生活的一部分。

斯文佳这个人在真实的生活中并不存在，或许也存在，只不过是另外一个名字。很显然，斯文佳属于我们的重要目标群体，尤其是在弗利克斯巴士公司成立之初。公司当时的目标就是让斯文佳和她所代表的一代人——Z世代群体流动起来，因为我们那时就已经意识到，这些年轻人对交通运输会有巨大的需求。我们十分清楚，为了实现这个目标，目标群体必须成为我们企业的基因。只有这样，我们才能成为他们日常生活的一部分。自由、探索、进取精神以及微小的生态贡献是企业目标，这些都是我们想践行并提供给客户的。为此，我们在不断改进，直至目标群体能够在我们的长途客车上感受到这种生活态度。

如何让年轻人流动起来？

我们公司成立于2012年，当时的名字为动力巴士（GoBus）。公司刚成立的时候，很多方面的技术还不成熟。我们对公共交通行业和Z世代都没有足够的了解，而公司想要服务的恰好就是 Z 世代。从年龄上来看，弗利克斯巴士的创始人至少属于 Z 世代的上一代人。其实，相比于其他年轻且奋发进取的世代，Z 世代并没有什么不同，唯一的区别是 Z 世代更加强大！社交媒体的出现使信息更为透明，数不胜数的卖家和网上店铺又造成商品供应过剩。因此，当前的市场属于买方市场，这意味着现今的年轻客户如国王般重要。我们这个初创企业必须想方设法地吸引那些潜在的客户。唯一行之有效的办法就是倾听！公司名字、我们的服务、我们的客车还有我们的市场，方方面面，我们都需要倾听。

自我优化意味着无私奉献

关于公司的名字 关于这个问题，我们也征求过公司 Z 世代员工的意见，他们算是第一批被我们倾听的 Z 世代吧。在与 Z 世代进行了几轮头脑风暴后，我们就已经清楚，该向原来的名字告别了。在谷歌上输入 GoBus 时，我们才猛然发现，这个名字竟然与环球（Globus）如此相似。而 Z 世代仅凭直觉，随即上网查询，就让问题一目了然。公司的新名字"弗利克斯巴士"也是他们的主意。我们一直秉承这样的信条：在重要的时刻，放弃自己的最初想法，与你的目标群体共同做出决策。

关于我们的服务　在我们产生让Z世代坐在长途客车上远游的想法之前，他们基本上是乘坐火车或者与人拼车完成城际旅行的。基于这种情况，我们最初的方案是立足现状，以德铁线路安排为参考，力争转车次数少，出发/到达时间方便以及旅途时间短。不过，经过对潜在的客户群体的多次调研后，我们很快就意识到，Z世代的思维方式与传统的火车乘客不太相同。只要能保证减少二氧化碳的排放量，车票更加便宜，可以随时乘坐，并且能通过手机软件随时预定，他们就会选择，旅途时间的长短和转乘次数对于他们来说，并不重要。

关于客车　在设计长途客车时，我们还通过论证确定了一些需要注意的事项，比如足够的腿部空间或者一些放小零食的位置等。当然还有最重要的一点，为了让这些年轻人可以充分利用在车上的时间，我们准备了无线网络装置和电源插座，这样他们就可以全程无忧地使用手机和笔记本电脑了。另外，Z世代还喜欢在公交车上结识同龄人，相比之下，这种情况在城际特快列车上就很少出现，我们的问卷调查结果也证明了这一点。

关于市场营销 即便通过广告和营销这样的方式向外界展现我们公司,也要充分考虑目标群体的特征和需求。年轻员工们在这方面又为公司提供了助力,他们想到了在全德国的大学校园分发自行车座套的推广办法。自行车座套?我当时已经远离校园生活多年,彻底忘记了这些东西对年轻人的重要性。我们决定不再开展大型且昂贵的营销活动。事实上,我们采取的是类似于游击战的营销策略,比如用喷涂笔写朗朗上口的宣传口号,在火车上分发弗利克斯巴士代金券,还有印着弗利克斯巴士广告的免费安全套。我们所做的全部营销活动都向公众传递着公司所要展现的那种自由、探索、进取,甚至还带着些许对现有规则的反叛。

公司的好坏取决于客户的评价

公司的战略目标是将 Z 世代打造为移动的群体。回顾之前的做法,我们及时地发现,尽管自己很重视这个目标,却将塑造目标的重任委于他人。许多企业都犯了一个相同的错误,就是把自己的观点凌驾于目标群体的意见之上。其实,确立目标无外乎一个需要敏锐感知和真实互动的过程。换言之，是产生想法、实事求是并反复调整的过程。如果做到上述几点，那么量体裁衣地为Z世代打造专属品牌，就毫无困难可言了。现在，我们已经可以回顾公司成立10年以来的辉煌历史了。目前公司大约有1300名员工，我们每天都会充满喜悦地按照年轻人的想法，将"斯文佳"们运载到目的地。Z世代早已成为我们公司基因的重要组成部分，而促进年轻人的人口流动也正是我们的愿景。

一个不争的事实：网红可以提高现代企业的知名度[①]

[①] 本文作者是克里斯蒂娜·李希特。她是柏林个人品牌开发研究所的创始人，曾经先后在代办处、大中型企业工作，具有10年的公关、企业宣传和社交媒体领域的工作经验。自2015年以来，她为来自世界各地的企业和企业主提供关于公司营销策略和个人品牌开发的咨询。

过万的点赞量，超 400 条的评论，这些数字并非来自社交媒体上的时尚生活网红，而是来自一家德国企业的营销经理在社交媒体发的帖子。我们就称这位经理为劳拉吧。劳拉年满 30 岁，从统计学上来看，已不属于 Z 世代。尽管如此，劳拉的例子仍然堪称完美，因为她的案例足以证明通过社交媒体打造个人品牌的可能性。不过，这种做法至今仍被很多人视为低俗的，也因此没能引起足够重视。

上述数字可能会给你留下这样的印象：几乎每一个德国人都活跃在社交媒体上。然而，事实并非如此。来自社交媒体的数据表明，在大部分社交平台的用户中，大约只有 5% 算得上活跃用户，会积极评论或参与讨论。这也意味着，95% 的用户处于旁观状态。由此可见，用户可挖掘的潜力巨大！

劳拉在2022年初意识到了这一点。于是，她开始在社交媒体上发布内容，并积极参与社区讨论。她发布的内容主题明确，访客只要轻轻点开她的主页，就能马上看到可持续性以及公平生产等主题。劳拉的努力很快就收到了回报，不到三个月时间，粉丝就从0.5万上升到1.5万。粉丝们看着她的帖子，关注着她的动态，并加入了话题讨论。同时，每一个留意她的人也在她的主页上看到了她的职业和她就职的公司。这样一来，她所在的公司也获得了知名度。劳拉的例子不是个例，适用于所有的企业，你的公司当然也在其中。

每位员工都是企业的发言人

第一代数字原住民正在成为营销人员关注的焦点。他们被打上了诸如具有企业家思维和对既定目标不懈努力的标签。而灵活性则是他们的最大需求。步入职场后，他们的需求和期望也逐渐增多。因而，他们对自己的消费也更为关注，比如从哪家企业购买产品和服务。

因此，成功吸引并留住年轻消费者变得十分艰难。尤其是那些仍在沿用老一套营销方法的企业，那些坚持"我们一直在用"的企业，想要获得这些年轻消费者的青睐就更加不易了。

在这个时候，员工的个人品牌以及社交媒体就该发挥作用了。请你不要再固执己见，自欺欺人了。你需要让Z世代了解你的公司、产品和服务。为了实现这些目标，你需要想尽一切办法。其实，你的员工就可以成为你公司市场推广上的助力。每一位员工都可以成为公司的代言人。现在的问题是，你是否愿意采纳这种新方法呢？换言之，你还会使用那种传统方法，通过稿件发布信息抑或在广告上投入大量资金吗？

现在，让我们来看几组数字。社交媒体的内部数据显示，员工的参与使公司主页的浏览量增加了8倍，关注公司主页的人数增加了4倍。对员工分享内容的参与量比对品牌渠道方式分享内容的参与量高出8倍。可见，在这场争夺Z世代消费群体的大战中，传统的营销和推广办法已经位居其次了。

不必去寻找Z世代，吸引Z世代主动靠拢

Z世代是真正的数字原住民，他们从出生起就生活在网络世界之中，自然而然地，他们会在网上寻找自己的榜样和同道中人。如果你的公司缺少创新和多样化，在不远的将来就很难得到Z世代的青睐。你公司的员工不仅塑造着你的公司，还影响着那些关注着公司动态的消费者。

Z世代对所购产品或者所预订服务的公司非常关注。普华永道曾对1000名18~25岁的德国公民进行了相关调查，结果显示，Z世代在购物时对环保包装、可生态降解的产品以及对环境友好的生产过程非常在意。在购买食品、化妆品或服装时，三分之二的年轻人十分看重这些指标。上述三个方面及标准也反映出公司的价值观和目标。

正因为如此，公司首先要明确自己的价值观，并在此基础上，准确而鲜明地向外传达这种价值观。还有什么比通过员工来传播公司的价值观更好的方式呢？让你的员工们用好自己的个人品牌，积极活跃在社交媒体上，这样就可以不断提升你公司的知名度了。

在购买某种产品或者服务的时候，Z世代可能刚好搜到你的公司。这个时候，故事营销就可以发挥作用了。个人经历、逸事和有关公司的新闻，这些由员工用各种体裁来分享的内容本就隐含着公司的很多理念。倘若这些信息恰好符合那些潜在买家的志趣，那么你的机会就来了。对 Z 世代而言，倘若彼此的价值观一致，他们就极有可能向你靠拢。

简单地说，你的公司如果想要吸引更多的 Z 世代消费者，就必须站在他们的角度，必须去理解他们。这些年轻人寻找的是那些能够激励、欣赏他们的同龄人，而你的员工就是这样的人。

社交媒体只为决策者和企业家服务吗?

很多人可能会认为，社交媒体只是为那些深耕于职业领域、工作经验丰富的人而准备的。我想在此澄清，情况并非如此。社交媒体是面向所有人的，如果你想要构建自己的工作网络，或者熟悉某些主题和专业领域，抑或想要就一些主题、趋势、企业的产品和服务发表信息，都可以在社交媒体找到属于自己的机会。谁说你只能在若干年后，在积累了丰富经验之后才能在网络上发声？事实上，运营自己的社交账号也需要时间，起步越早，声誉越高，才会离自己的职业目标越近。

打造个人品牌是获得知名度的基础。个人品牌是一种传播工具，任何人都可以借此来推介自己，使自己被特定的群体所了解和认知。想要建构自己的品牌，首先要明确自己的主题和定位。你想通过什么方面被大家认知呢？比如通过擅长的互联网技术、领导智慧，或者像我一样，通过个人品牌，抑或其他。这是你首先要认真考虑的问题。此外还要考虑你想要建立和保持联系的人群。在想清楚上述两个问题之后，你就可以开始耕耘了。你可以先从评论自己领域相关的帖子入手，初步构建自己在互联网中的网络，在此基础上，再慢慢推进。

网红营销是企业成功吸引Z世代的法宝

一个拥有1000名员工的公司，可以帮助1000人建立他们的个人品牌。我们可以想象一下，1000人带着你公司的企业文化在社交媒体上驰骋，这个场面是多么壮观！假若你担心这1000名员工可能因网络而找到其他机会并最终离开你的公司，那你必须面对这样的事实：即便不这样做，他们也可能会离开你。我们不如换一个角度来思考：你的公司有1000人被公众认可，这也证明了你公司的独特魅力。你的公司受到这么多人才的青睐，这么多的人同时在为你的公司做推广，这种双赢的局面难道不是最好的结果吗？是不是很诱人？现在，机会已经在你的手中了。

CHAPTER
FIVE
_5

第五章

什么样的工作环境才能让 Z 世代充分发挥自身的潜力?

激励青年人才的时代转折点[①]

[①] 本文作者是斯蒂芬妮·伯克纳教授。她是奥尔登堡卡尔·冯·奥西茨基大学未来公司研究所首席执行官。同时,作为女性创业研究领域的客座教授,她主要从事创业及创业实践中的多样性研究和教学。斯蒂芬妮还是预备役军人,凭借科学知识和实践经验,她成为一名训练有素的德国联邦国防军指挥学院教练,在数字教学设计和多样世界的领导力等方面贡献自己的专长。

任何憧憬未来的人都绕不开一个问题，那就是我们如何激励年轻人，让他们能与我们一起塑造属于大家的未来。

阅读、写作和计算是基础。但因每个人所处社会地位不同，并不是人人都能毫无疑问地掌握这些技能，我们有时要具体问题具体分析。此外，我们的教育系统虽然提供了很多学科来让人们获取知识，但个人技能至今仍几乎没能得到锻炼。其他教学途径也是如此。在通常情况下，知识的掌握被当作一个可被识别的、判断个人是否优秀的指标。但这些基本指标只能在一定程度上反映出哪些能力是现实中不可缺少的，好让我们用这些知识和技能来迎接日益严峻的社会和经济的挑战。我们正经历着时代的变革，下一代技术工人和管理人员的前景并不乐观，我们今天所学的内容到明天很可能就会过时。因而，激励青年人才以及提升他们应有的能力日益成为我们工作上的难题，这就需要提供一个新的方向，帮助那些年轻人在职业道路上迈向成功。这也为我们提供了一个视角，就是将学习视作联结几代人的纽带。

Z世代未来的职业定位

在工作坊与面试指导中，我与具有不同背景和不同文化认同的学生探讨了职业规划，其中与Z世代的合作让我印象深刻：在个性化发展的趋势下，这代人都表现出对自身工作附加意义的追求。他们有清晰的职业定位，在职业上并不看重那些陈旧的成功理念，而是追求一种独立且自信的生活。这些新生代注重个人技能和才学的锻炼，这既是对自己的要求，也是对他人的要求。对于他们来说，"终身学习"是对专业知识的不断巩固以及对处事方法的持续优化。塑造未来成长的技能对他们尤为重要，因此要锻炼必要的元能力，好让自己有合适的技能来应对新的挑战。具体而言，Z世代希望自身的发展状态能持续不断地得到反馈，以便进一步评估并完善个人的发展需求。

按"长袜子皮皮原则"生活

Z世代恃才放旷。这种态度让他们看起来似乎有些盲目自信，不过他们自始至终都是我们所有人的创业榜样：Z世代的生活遵守"长袜子皮皮原则"，即按照自己喜欢的方式创造世界！当然，凡事不能一概而论。我在（高等）学校的不同教学环境中多次观察到的情况是：无论问题有何种挑战性，无论任务有哪些，Z世代的很多人即使从未做过，也会说他们可以。一旦发现情况并不是他们想象的那样，他们也不会手足无措，而是会自学或向知道如何应对的人取经，并与其一同应对挑战。

互动而非合作

与决定向数字化转型的人相比，Z世代具有更多的数字化素养。他们热衷于几代人（可能）长期讨论的话题（可持续性或心理健康）。如果根据过去的经验来探究他们目前的所学所做，这往往没有什么用处。因为他们更关心未来：他们认为学习并不是为了获得文凭，而是为了改变一些情况。例如，知晓如何应对商业（想法/创新）挑战。其他的话题在时间投入和教学形式上各具差异，但它们与"商业挑战"都有一个共同点：在专业培训师或方法培训师的指导下，在学习教练的陪同下，在与案例分析者的跨学科交流中，参与者能学到与实际商业问题有关的具体知识和技能。与其说这是一场作为新手的年轻人与作为专家的年长者之间的合作，不如说这是各代人都以学习者的身份参与的一场集体互动。因此，塑造未来是共同持续性学习过程的一部分，并不是各代人分别进行的——这既是公司内部（创业）的策略，也是公司（创业精神）发展的动力。

自信、开放又有理想：我们为什么需要 Z 世代 [1]

一

---

[1] 本文作者是茱莉娅·瑞斯。自 2021 年 2 月以来，茱莉娅·瑞斯博士负责 Meta（原脸书）中欧公司的监督管理、政策制定和创新战略工作。此前，她曾在德国联邦议院、联邦交通部和联邦总理府从事管理工作，还曾代表德国铁路在巴黎工作了 4 年。她曾在维也纳、华盛顿特区和柏林学习过政治学，并获得了柏林自由大学的博士学位。她热衷于技术创新，想利用技术造福社会。

我还记得在社交媒体上被疯狂转载的一段有趣视频，内容展示了过去二三十年技术发展的影响。视频中，较年长的人将一些年轻人推到转盘电话前，要求他们拨打电话。而这些年轻人满脸困惑，尝试按一些"按钮"与电话另一端取得联系，最终都徒劳无功。对于曾经每天用食指拨转号码盘给好友打电话的人来说自然会对着视频发笑。不过，出乎意料的是，这段视频并没有打动那些比我年轻不了多少的人。我意识到，它的幽默源于两代人间近 10 年的数字鸿沟。

如果再进一步思考，我们不禁会问，现在还有多少事情需要 Z 世代的年轻人动手去完成呢？他们仅凭直觉就能理解很多过程，确定事物的优先次序，还会质疑我们这代人认为理所当然的事情。1995~2010年出生的人都是第一批真正意义上的数字原生代，仅凭这点他们就有能力为我们向数字化生活的积极转型提供理想化支持。

Z世代的数字化能力以及推动社会和政治发展的动力赋予他们绝佳的先决条件，让他们打造一个我们无法想象的未来世界。他们是伴随着互联网、新科技和社交平台的发展而成长起来的一批人，他们与这些社交平台捆绑在一起，并从一开始就参与其中。他们会质疑正义、身体形象等的标准，对政治、经济与社会领域的其他许多内容也是如此。毫无疑问，我们这个社会需要Z世代。只有在他们的帮助下整个社会才能更有责任感，人们才能更加清楚如何相互联系、如何工作、如何购物，以及如何度过休闲时间。

我为何会有这样的想法？这源于我的一场经历。秋天的某个周六，我从柏林乘火车前往巴伐利亚。这本是一个长周末，周一不用上班，因为Meta会按美国假期给全球所有员工放假，但我还得处理一些工作。当我打开笔记本电脑准备开始工作时，一群年轻人从德国中部的某个车站上来并坐到我后面。他们聊得热火朝天，其中的一两句话也对我有所触动和启发，由此，我陷入了思考。

要求太高？再想想吧！

他们一路都在讨论未来，包括想去哪里工作，想在什么领域工作，不想去哪些地区及原因。整个谈话过程中他们对三件事达成了共识：

1. 工作不仅要有趣和有创意，而且要与处理世界性难题有关，比如在偏见、气候变化和不平等问题上有所作为，且雇主应率先表明态度。
2. 工作应换得相应的酬劳。
3. 工作不必投入过多时间。

这些要求听起来着实有些苛刻，毕竟在我们一贯的认知中，生活不会全都称心如意！随着时间的推移，我却越来越不确定是否应当把这三个人的聊天看作他们不切实际的梦想。从这段偶然听到的对话中，我开始再一次审视自己。这群人提出的"要求"正是我鼓足勇气才敢追求的理想，也可能正是这些理想让我找到了现在的雇主。如果没有人质疑看似合理的一切、无人要求改变，那这些理想如何能变成现实呢？

我觉得自己的工作与他们三人的希望竟如此吻合。在Meta，我和国际团队一起处理那些影响整个世界的令人激动的和具有挑战性的新话题。团队中的每个成员都很优秀，他们的才能与精力都发挥了重大作用。有时我们会讨论最佳的解决方案，建议是谁提出的并不重要，重要的是建议要多样化。因为Meta实际上吸引着来自世界各地的员工，他们的生活规划各具特色。

毫无疑问，这种多样化是公司的核心：Meta将全世界的人联系起来，让大家说出自己的心声。至于你是什么肤色，信仰什么宗教，性取向是什么，认为自己属于哪个群体，在Meta都不重要。这种开放性不容小觑，它能让公司内部焕发活力。我们这里有各种各样的群体，他们的特点也不尽相同。与Facebook相似，Meta也组建了小组。这些小组定期交流，并邀请外部用户共同参与发展，当然，一切都是以虚拟网络形式。这种方式可以释放、鼓励并激发出一种无边的开放性，同时，集体性和宽容度也得以发展。在什么样的雇主那里才有自由选择的机会，才能接触兴趣领域之外的东西并达到拓宽眼界的目的呢？这些都不是在"工作"之余或"午休"时间才能听到的事情。

公司明确鼓励大家参与到社群活动之中，这个要求甚至已经写入工作合同。我自己也参加了各种小组，还有意识地选择了一些日常工作和生活中很难接触到的人群，并与他们相互交流。这些极大地丰富了我的个人生活。我甚至都无法想象如果没有这种具有创造性和令人鼓舞的事情，自己该如何工作。我的很多同事也感同身受。因此，几乎没有人会选择回到"传统"的雇主那里。

另外，在哪里工作并不重要。当然，出于税收原因，每个人都有一个固定的办公地点。不仅如此，每位员工每年都有一段时间可以去另一个国家工作。在与同事视频通话时，我经常看到角落里的冲浪板或身后的棕榈树。这很正常，这就是我们很多员工追求的自由感。我们遵从的理念就是：在哪里工作不重要，重要的是你在做什么。作为管理层，我不关心我的员工身在哪里，毕竟我的团队成员遍布中欧各地。如果我的员工正在其他国家旅行，旅途中突然迸发出灵感，找到了问题的解决办法，然后备受鼓舞地回到家中，我会明确支持他们的这种做法。

我在 Meta 的工作是与工程师共同开发新产品。我那些头脑聪慧的同事负责编程。我的任务是确保工作能够全面开展，这些从一开始就要体现我的"非技术政策观点"：在项目初期要考虑数据保护与数据安全等问题；在解决问题时要考虑道德因素及可持续发展等价值观；我的工作多样，但最重要的是我要有所作为。我知道在面对非常复杂的、没有明确答案的问题时，我能让事情朝着积极的方向发展。火车上那群年轻人所希望的恰恰就是这些。因此可以说，Z 世代对未来雇主提出要求和敦促是完全合理的。

Z 世代促使我们做出改变，这些变化最终是为了适应未来，未来社会需要创新能力以及处理现今亟待解决的问题的能力。

未来的创业一代

Z 世代从一开始就天天使用数字化平台，并由此与数字化联系起来。这也帮助年轻人成长为自信的、开放的、有理想的一代人。同时，我们的技术也在飞速发展。我们正处于数字化向未来元宇宙转型的关键时期,正在迈进社会技术与移动互联网变革的新阶段。互联网技术先是让人们可以通过电子邮件往来,紧接着又让我们能与身处世界各地的人实现即时通话交流,现在,我们已经可以视频通话了。而元宇宙将让我们感到所有人身处一个共享空间之中。未来之路还很漫长,但重要的是我们能与Z世代以及未来的世代共同探索。我相信第一批真正的数字原生代能将下一次技术革命引领到正确轨道上,把元宇宙打造成拥有新发展潜力的安全场所。同时,他们会坚守我们所需要的勇敢与乐观精神。他们是未来的创造者。如果企业不能给予他们合适的发展空间,那可真是不可想象。

Z世代是未来,他们代表着希望[1]

一

---

[1] 本文作者是海纳·托尔博格。自1989年以来,海纳·托尔博格就从事自由职业,在法兰克福和苏黎世担任人力资源顾问。他一直在为德国的公司、国际集团和家族企业提供高层管理职位咨询。2007年他打造了新一代首席执行官计划。

"我肚子好饿。我需要工作。做什么都无所谓。"100年前，年轻人举着这样的标语站在街头巷尾。在魏玛共和国，那些所谓的"多余的一代"不仅要承担一战后果，还要承受全球经济危机和社会普遍贫困化所带来的消极影响，他们无法在供过于求的劳动力市场上站稳脚跟。成千上万的人结束了自己看似毫无价值的生命。而那些有工作的人也不容易，要为微薄的收入每日劳作十几个小时。

　　今天的境况呢？十分幸运，今天已经有许多有趣的工作，而且许多雇主也在寻找有个性有热情的员工。这些人要有上进心，能担当起未来的重任；同时，他们还要有团队协作能力和创造能力，最好拥有海外经验，能够在多元化的工作环境中做出富有成效的贡献。简言之：他们要找到自己感兴趣的工作，并在工作中有所作为。同样，他们也将得到稳定的工作条件、多样化的项目和相当可观的薪水。

宁愿当公务员也不愿做企业家吗？

但多数情况下招聘并不乐观，因为许多Z世代的年轻人对公司没有足够的兴趣。根据安永事务所2020年12月的调查报告，2000名学生中有26%的人想成为公务员，12%的人想去汽车行业工作，6%的人想去银行上班，而想去保险行业的人只有4%。

Z世代并非十全十美。Z世代人物瓦伦蒂娜·瓦帕克斯在同名自传小说中写道，年轻人"在自我实现与社交孤独中摇摆不定"。新冠疫情可能也加剧了年轻人的焦虑，安永人力资源专家奥利弗·西蒙评论道："这场危机让我感到毕业生在择业时会选择比以往更稳定的工作。"

此外，这一代的父母在教育中只是一味"鼓励"，并没有过多的"要求"，可这样并不能培养出健全的人格，即一种有创造兴趣，且在还未成功时愿意承担风险的品质。

未来的首席执行官并非来自德国

如果德国年轻人都能上大学，那对他们来说未来的一切都不会很糟糕。但事实并非如此。根据大学生服务中心提供的数据，在2019—2020学年，德国成为对外国学生最重要的非英语留学国家，这一比例已超过11%，其中92%的人希望自己能在德国顺利完成学业。这说明很多年轻的敢于冒险且会说多种语言的外国人想留在德国，想在这里成家立业。绝大多数的外国学生来自中国，其次是印度、叙利亚。其实，德国人也喜欢出国留学，但他们最喜欢去奥地利、荷兰、英国和瑞士。

在这样的背景下，不难想象我们未来的首席执行官将来自东欧、亚洲和中东地区。这些地区的年轻人至少不那么娇生惯养，他们都知道要想获得成功就必须努力工作。老板是真正乐于工作的人，而不仅仅是在他们想工作的时候才去工作。

居家办公？不，谢谢！

作为数字化领域的专家，这些年轻人实际上会成为科技发展的受益者，同时，根据领英的调查，数字原生代2.0的大多数人不愿意居家办公。几乎有一半的人更愿意在办公室工作，现阶段，Z世代可能会花很多时间独自坐在屏幕前，这使得他们比之前的同龄人更焦虑。然而，70%的年轻人还是希望雇主能为他们提供居家办公的机会。他们的信条是：我们可以不这样做，但这是我们的权益！他们把教育和一个好工作视为生活的核心话题，但根据高盛的一项调查可以得知，25%的Z世代计划在55岁前退休。

不确定性意味着更多开放性

雇主们当然对一切都心知肚明，许多资深的人力资源经理都担忧现状。在许多领域，工作岗位甚至多于优秀的应聘者，现在的问题实际上是鼓励年轻人找到比做公务员更有意义的工作。

毋庸置疑的是，Z世代充满了矛盾和焦虑。不过，这倒也是个好消息，因为我们在所有的问题和困惑中也能看到一些契机。我们要把不确定性看作开放性。许多问题都有解决的机会和办法，而我们要做的就是努力探索，同时，危机也敦促我们去寻找新的办法。而这时，年轻人的作用就显现出来了。

Z世代代表着未来

那些能吸引Z世代的公司能够为他们提供工作保障，当然，也让这些年轻人在工作任务上面临多重挑战。公司的这些做法将使自己在整个行业中处于领先地位。需要指出的是，双方都必须有所行动。对于年轻人来说，要学会去理解，明白潜力股是那些真正能够平衡好工作与生活的人，而不是仅仅在大学、公务员工作、继承父母遗产和提前退休之间不断权衡的人。

对于雇主来说，他们需要理解这代人，并在招聘宣传中做到真诚和真实。年轻人总在上网，他们能够易如反掌地发现交流中的问题。良好的求职体验不容小觑，而开放、有活力、值得信赖的企业文化也必不可少。承担责任也要得到回报，很明显，那种让奋进者历经10年努力却仍须负重前行的控制性文化已经过于僵化，早已不合时宜。

如果能成功，这些年轻人不仅会从父辈手里拿过接力棒，而且还会处理他们留下的政治、经济、社会和商业难题。Z世代为此已做好充分准备：他们接受的教育比之前的任何一代都要好，他们在迷茫中也变得更加敏锐、更加积极。Z世代就是未来，他们代表着希望。

工作态度的代际变化[1]

一

---

[1] 本文作者是理查德·夏利。理查德·夏利出生于2006年。7岁那年他买了人生中的第一只股票。之后，他的投资理念逐渐发展为针对优质的基础科技企业做长期投资。这个理念让他拥有超高净值的私人财产。写下此文时，他还在一所文理中学读九年级。

那个员工没有太多欲望，只是简单地一心一意工作的时代已经结束了。随着社会的繁荣发展，各代人的需求也在不断升级。婴儿潮一代要求工作与生活之间的一种更健康的平衡状态；Y世代希望有更灵活的工作时间，并参与到有创造性的关键决策之中；而Z世代则将动手做一份电子表格视作一种耻辱。今天已经少有年轻人习惯去做祖辈们曾经从事的艰苦工作。

社交媒体上"聪明工作，而非努力工作"的标语助长了这种工作态度。很多人认为，从日复一日的困境中逃离出来的关键是独立自主。因而多数人会选择自主创业，这现在看倒还算容易。但年轻人对公司的要求越发严格了。没有人愿意被囚禁在一个不断做重复性工作的组织中。

Z世代对立竿见影式成功的渴望是显而易见的。在"用轻松的工作收获成功"理念的影响下，雇主很难再令Z世代充满干劲地去做一些自己认为必要的工作。

渴望挑战的一代

我出生于2006年，是Z世代的一员。在10岁的时候，我就开始对创业充满热情，那种雄心壮志一直保留到了今天。我用不断学习到的金融市场知识来管理资产，最初是依靠家里的资助，而现在是借助当今最有影响力的商业市场。

我很清楚我一直都在追求自己的理想。或许我是同龄人里较早有这样想法的人，但现在更多的人有这样的想法。归根结底，Z世代大部分都是在无忧无虑的环境中长大的。这样的环境让我们更渴望挑战，想要证明即使是含着金汤匙出生的人也能推动世界向前发展。

写下此文时，我还在文理中学上九年级，像许多人一样，我也在想大学毕业后的事情。过去，毕业后直接到公司里做第一份工作是很普遍的。但现在，我们这代人的发展趋势却是另外一种情况。实际上，现在美国大学生毕业后自主创业的可能性是 20 年前的 5 倍。

即便大部分创业者在经历第一次创业失败之后会选择重新迈入传统的职场生活,他们也一直都会有这种愿望,就是凭自己的双手创造点什么,而不是被迫服从于一个大组织。

企业能为 Z 世代提供些什么?

我经常问自己,是什么阻碍我去一家运营正常的公司里工作。尽管每个人对工作的期望千差万别,但我想我可以代表我们这代人说我们渴望创业精神、想了解创业文化、希望在大公司里积极争取小项目。我们这代人排斥日复一日地做相同的工作。如果一件事没有意义,我们工作的动力和热情就会急剧下降。

但我认为技术是解决这些问题的关键。例如,流程自动化机器人的使用意味着人才不用在行政工作上浪费时间。

人才希望参与讨论重要决策,他们希望有能力为公司指明出路。通过让员工参与战略决策,公司表现出对员工意见的信任与重视,这都能鼓励员工积极行动。

达到一定规模的公司很难倾听来自每位员工的声音。因此,我们有必要考虑组建一个委员会。这样不同部门的员工都能更清晰地看到实际问题并能为之提出改进意见，然后通过投票表决确定方案。一旦建议被采纳了，相关员工就知道自己的想法被公司听到了，他们当然会很满足。

让员工发表意见可以大大改善公司的发展状况。要让员工有自行安排工作时间的权力，这样能极大地提高生产力。比如，我习惯早起，喜欢在上学前处理工作。只要每个人有明确的工作时长，而且工作的质量也没有受到影响，就没有理由限定他们的工作时间。

与企业建立情感联系是最重要的

我们在自主创业的过程中能体会到极大的快乐和紧密的情感联系，而这种情感联系却很难在企业中再现。甚至可以说，有人永远不会在企业里敞开心扉。让员工感到自己有一定的自主权是很复杂的，绝不是说说那么简单。但让员工发声，为他们提供更灵活的工作和更自由的工作时间倒可以成为公司向前发展的第一步。当然，这也不是吸引人才留住人才的万能做法。Z世代非常重视我提到的这些东西。如果企业将其放置一边，不去考虑如何贯彻和实施，或将迎来致命一击。

为什么 Z 世代更喜欢亲力亲为,而不是求助于他人 [①]

[①] 本文作者是朱琉斯·德·古伊特(生于 2001 年)。在上学期间他以合伙人的身份创建了反霸凌程序 Exclamo,此外,他还是社会心理咨询平台 Krisenchat 的联合创始人。由于他在 Krisenchat 的工作,他被德国创业协会授予"年度社会企业家"称号。2021 年起,他在法伦达尔管理学院学习工商管理学。

从学校的课桌到柏林的联合办公空间

如果只能用一个特点来描述 Z 世代，那或许就是他们的创造性特征，他们在用自己的方式"崭露头角"。

气候危机、心理健康问题和社会分裂是我们这个时代正在面临的巨大挑战。在数字媒体的启发下，我们不断看到 Z 世代设立新项目、创办新公司。或许欠缺知识并无大碍，部分情况下需要的其实是宏大愿景。但成功的是，这些愿景让数以万计的人加入"未来星期五"的气候运动。

我还在中学时就创立了自己的第一家公司。高中毕业后，我没有直接进入大学读书，而是同两位校友共同建立了心理健康咨询平台 Krisenchat，并在这里做了两年的全职工作，对此我从没有后悔过。

但 Z 世代愿意独自迎接重大挑战的意愿是从何而来的呢？他们是如何应对的呢？对于这些问题，我想从创立 Krisenchat 的亲身经历出发谈谈个人看法。

Z 世代会亲力亲为，因为旁人会对这些问题置之不理。

2018 年 6 月，凯（我后来的联合创始人）和我坐在柏林的公园长椅上聊天。我们刚花了一年的时间参加了一个商业计划书比赛，比赛期间制定了一个商业理念，最终还把它展示给评委。

凯曾问我是否愿意把在学校想到的一个反霸凌程序理念付诸实践，并将它推广到校园以外。我没有多想就热情地说"当然愿意"，但我当时并不知道将要做什么。我们还邀请了校友彦加入，他在 12 岁时就自学了编程（这也是 Z 世代的一个典型特征）。

从 Z 世代创业的过程中能观察到，一些基于主题的想法通常是以非常具体的，且具有个性化的方式来处理的。

反霸凌程序 Exclamo 的情况就是这样。凯、彦和我都在柏林凯尼修斯文理中学念书。2010年1月，即我们入学的前一年，耶稣会成员将20世纪70年代发生在这所学校的虐待学生事件公之于众，这件全国性的丑闻给学生的校园生活带来了翻天覆地的变化。因此，我们入学后接触到了新的教育氛围：学校设立了预防日，邀请受害者做报告，建立多种联络中心，并提供可靠的联系人。

虽然这种方式十分重要，也很有帮助，但仍然有些缺陷，这造成有需求者无法直接向协调中心进行匿名咨询。校园生活还没有完全实现数字化，智能手机也并未普及，新冠疫情完全阻碍了我们在学校的推广渠道。于是我们推出了自己的商业模式，即把Exclamo应用程序作为B2B（商业对商业）产品卖给学校，然后让学校去推广这个系统。尽管有多方受益，而且还有资金和成品，但我们还是决定另辟蹊径：在日复一日的生活中我们要有所改变，然后就出现了创立Krisenchat的想法。我们发现，关于心理健康的话题，儿童和年轻人并没有全天候的联络平台。虽然抚慰热线或心理咨询通话能提供良好的建议，但Z世代儿童和青少年习惯使用的聊天软件中并没有这项服务。

我们清楚，从 Exclamo 工作中获得的知识让我们看到开发网络渠道的契机，于是我们在社交媒体和报纸上争取落实自己的想法。短短四周时间，在没花任何广告费的情况下我们就为自己的咨询服务招募到 100 多名心理辅导员，并打造了相关产品。自此，我们推行了 24 小时在线服务，现已为 2 万名德语国家的儿童和青少年提供了帮助。

为何 Z 世代要独立解决自己的问题？原因很简单——没有其他人会代其去做。

这又是为什么？因为学校系统的数字化或心理健康咨询服务并不容易赚钱。但在我们眼里，发挥作用远比赚钱更重要。我们总对自己说"今后还能再赚更多的钱"。此外，我们仍住在父母家里，只要他们允许，我们就没有什么较大开支。同时，Z 世代更熟悉所有话题。年轻人才能更好地与年轻人交流，这一点年长者很难企及。

敏捷性和学习能力让 Z 世代与众不同。他们愿意为自己的想法做出牺牲，同时，在创业时，Z 世代的财力无法与那些毕业于顶尖大学且在大型咨询公司工作了两年的年轻人相提并论。这些不利激发了 Z 世代身上的巨大创新潜力，因为他们必须用更少的钱做更多的事。

我们的情况就是这样。因此在很长一段时间内我们严控财务，想尽一切办法，以便最大可能地节省开支。我们获得了免费的联合办公场所，在Fiverr（兼职第三方服务平台）网站上只花费90欧元就设计了我们的第一个标识。我们的目的是尽可能用微薄的预算获取更多（社会）媒体的关注。好在我们成功地做到了。

现在Krisenchat赚了很多钱，这样的理念也依旧让我们受益无穷。让Z世代参与到重要决策的过程中，他们想出的办法可能会使费用缩减一半。

这一切听起来就像一个成功的故事，但其实我们也犯了一些错误。以最初的想法Exclamo为例，我们在一年多的时间里都没有设计出这个产品，也完全没能找到重点。但我们在这个挑战中一步步成长起来，终于，我们的Krisenchat项目渐入佳境。

在Tiktok时代，我发觉儿童和年轻人的注意力呈下降趋势。他们虽有很高的热情，却很难专注到一个话题上，因为会接连不断地出现很多令人激动的新话题。因此，这不仅是我们亟待解决的问题,也是这一代其他人必须面对的问题。

Z 世代并不是每人都要成为企业家,但都应具备企业家思维

对经验的积累成就了如今的我们。我们是 Krisenchat 的创始人,也是 Krisenchat 的目标群体,同时还是 Z 世代的一员,我学到了 Z 世代的很多工作方式。

首先,Z 世代要有"为什么"的想法。这个想法完全来自个人故事和亲身经历。Z 世代希望解决年长一代遗留至今的问题。他们主要是想解决问题,而不是仅仅为了赚钱。

我们这一代的许多人之所以能走上创业之路或发起一项运动,根本原因在于互联网上充斥着大量可收集到的信息。但这些信息背后也隐藏着较大威胁:互联网上糟糕的提示、不靠谱的导师以及虚假的资源远远多于真正有用的信息,要发现真正有帮助的信息并不容易。

因此,绝不能忽视对 Z 世代的网络教育和能力培养。像"创业青年"、"青年创业者"或 business@school 这样的组织已经做出伟大成就,但未来仍有很长的路要走。

每个组织都可以从 Z 世代身上获利,并不是每个年轻人都会或都应该成为企业家，但Z世代每个成员都会用新的创造性的解决方法去实现目标，我们这代人要相信自己能创造出这些想法。我们用事实证明，Z世代虽然还年轻，但也应有一席之地。

每家公司都需要内部创业，
也需要 Z 世代成员进入董事会[1]

---

[1] 本文作者是豪克·施威泽。他是非政府组织"创业青年"平台和"Z 世代人才"的联合创始人兼总经理。思爱普联合创始人迪特马尔·霍普唤起了他对创业和青年发展的热情。作为营销经理，豪克的青年培养项目"开启新生活"是他职业生涯的一个良好开端，也是他的代表作品。豪克是"开始社交"（startsocial）国家奖的获得者，并被评为"领英最强音"，此外，他还是《明镜》周刊畅销书《未来共和国》的作者之一。

我们急需转变

德国、奥地利和瑞士在未来并没有优势原材料来继续参与国际竞争，但他们有精神资本。德国是德语区人口最多的国家，目前也是世界第四大经济体，但这个国家的四种现状让人担忧它的未来。

第一，人口老龄化。到2035年，67岁及以上人口数量将增长22%，而20~66岁的工作人口比例将暴跌15%。据德国联邦统计局统计，每年可能需要引进48万移民来减缓这样的变化趋势，其中包括30万年龄介于20岁到40岁之间的人口。

对人才的抢夺将比我们今天想象的还要激烈，人才将在雇员占主导地位的职场上大获全胜。

第二，能力不足。"人才至关重要"的观点几乎在董事会成员、家族企业家和政治家的每一场讲话中都能听到。但作为想法执行者和问题解决者的他们却几乎没有讲过人才将从何而来。

全球创业观察发布了国民经济体的不同参数。此外，它还讨论了学校提供的创业教学以及平行于学校教育的其他创业教育对一个国家未来发展的影响。不出所料的是，创业教育榜单上名列前茅的国家有荷兰、芬兰和挪威，这些国家的学生毕业后多选择创业。这都是可持续性发展的成功，而且他们的企业内部创业文化也十分突出。

企业内部文化具有突出特征并不稀奇，因为创业教育是企业内部创业的基础，也关乎企业员工的创业思维和创业活动。近年来，德国在创业教育中的排名最多也就位居中列，有时甚至在50多个国家的竞争中排名靠后。

对此我们不禁要问，德国有内部创业者吗？

2019年和2021年的两项调查清楚地表明德国年轻人认为

他们会实施自己的想法，两次调查中，这样认为的年轻人的比例分别为49%和64%，而实际上，他们之中只有7%的人真正进行创业。究其原因主要是：学校教育和培训没有让他们感到自己具备落实想法和解决问题的能力。而欠缺知识也遏制了他们的创业欲望。

第三，焦虑和缺少抗压能力。我们现在既没有全力以赴地去寻找人才，也没有培养他们的能力或者赋予他们权力。我们所需要的变革在其真正开始之前就已经被扼杀在摇篮之中了，因为我们对此毫不信任。

值得注意的是，尽管公司和决策者有了一些新意识，但他们在引领时代变革时严重缺乏勇气、执行力和抗压力。这就可能造成两种后果：一种是Z世代开发出独具特色的创业文化和内部创业文化，但他们的这种文化无法惠及所有年龄段的人群，此外，在经济上出现短板也在所难免；另一种是我们的发展依旧停滞不前，Z世代人才会去往别处。

第四，我们不了解Z世代。2020年，"创业青年"和PlayTheHype联合发起了一项大型研究，调查了4000名16~19岁的年轻人关于学校教育、职业愿景和个人工作技能的看法。

结果表明这些方面还有很多改进空间。例如在涉及青少年是否感到学校为未来的职业生涯做出了充分准备的问题中，受访者给出3.7分的及格评分。93%的人不知道什么是内部创业者。

但也有积极的反馈。74.4%的受访者说他们希望能提高自己的技能，以便能够实施自己的想法。62.8%的人可以想象在日后的工作中承担管理责任，50%的人希望自己创业。

Z世代在实施自己的想法方面表现得兴致勃勃，这样的情绪是合乎逻辑的，因为他们受过良好的教育，把可持续发展作为目标，并追求有意义的事情。但"创业青年"自2015年创办以来就与Z世代频繁沟通，从对话中了解到年长一代并不了解Z世代如何思考、如何交流，不知道如何去激发他们的兴趣，如何锻炼他们的能力，也不清楚他们是用了什么方法。

每个大型企业和家族企业都有一个内部创业计划

与年轻人相处的15年让我对这份工作充满热情，我比以往任何时候都相信每个年轻人都会有一项非凡才能。但我们在尽早发现人才以及对人才的个性化培养方面能力还很薄弱。我们喜欢教导"强化弱势"而非"发挥优势",也因此培养出很多平庸的人。不擅长语文和数学的年轻人也许能够通过诸如体育优势来弥补短板,此外,还可以发挥他们的其他特长,但这些我们并没有想到。

这严重影响了Z世代的发展。今天的决策者们,即婴儿潮一代(1946—1964)和X世代(1965—1980),仍在坚守"学徒—工匠大师"理念,认为只有先在工作中学习几年,才能具有实施想法以及解决问题的能力。他们坚信年轻时的自己才疏学浅,在一些关键问题上远没有现在的自己更具有决策能力。

如今,我们在"创业青年"平台每天都与Z世代相处,他们带给我们一些强烈感受,让我们知晓数字化是未来必不可少的。这代年轻人对数字化技能的掌握比之前任何一代人都要出色。当然,这种能力在Y世代(1981—1995)的年轻群体中也有所体现。

内部创业的三个成功要素

数字化和创新若想达到领先地位，需要有出色的探索能力、由多元化团队打造的企业内部创业理念以及能真正吸引目标群体的激励措施。

首先，公司和家族企业必须学会锻炼他们在社会和商业领域的能力，这些能力要从幼儿园就开始培养。

德国中型公司朗仕（Lamilux）根据最新的教育成果开设了日托幼儿园，并为所有家庭提供服务。因此，3~6岁的儿童就能得到落实想法和解决问题方面的启蒙教育。朗仕还免费向周边26所小学的四年级学生提供编程教学服务。我们坚信，10~15年后霍夫的许多年轻人将会成为数字创新的推动者。但为了实现这一目标，我们要领先世界，在全德范围内尽早提供全面且深入的支持。

思爱普公司的联合创始人迪特马尔·霍普借助同名基金会，在"开启新生活"项目和祖森豪森儿童之家幼儿园的支持下，对青年发展做出了全面规划。全面促进儿童和青少年的发展是欧洲的头等大事。3~19岁的受助者日后可能仅有小部分人从事体育事业，绝大多数人会以雇员或创始人的身份展示自己的个性和特殊才能，因为他们的潜力在早期就得到了挖掘。

大西洋另一边的发展也值得借鉴。看看美国和加拿大是如何锻炼儿童和青少年的创业思维和实践能力的。迈克尔·霍尔索斯创立的"柠檬水日"向8~10岁的核心目标群体传授柠檬水价值链的全部经验，包括从生产营销到销售、结算的整个过程。这个项目从2007年创立以来已经为100多万名儿童提供了帮助，各个种族、宗教和性别的儿童都能参与其中。

企业为中小学生提供内部创业教育是非常有意义的，无论是现有的全国性的创业教育项目还是课余时间开展的区域项目。学徒、双轨制学生以及本公司的年轻人也能接受这个教育，以便为企业内部创业奠定基础。

同样，我们要提高认知能力，能够有针对性地筛选、识别和锻炼人才，这一点也很重要。

其次，不能自上而下地强推内部创业理念。

许多组织方法是为了将内部创业引入公司，建立相关体制，并通过诸如设计思想、虚拟现实和学习创业等方式推进创新发展。

在构想一个适合公司自身发展的理想化模式之前，要意识到美国有四分之一的独立公司，它们的市场估值至少达 10 亿美元，而这些公司创始人的年龄在 19 岁到 24 岁之间。这表明，我们应该在数字世界中认真看待 Z 世代，年轻人往往能比年长一代更早看到市场、产品和服务状况，这并不是说说而已。

由于 Z 世代在数字话题上有优势，在沟通方式上，他们与年长一代也有所不同，因此当务之急是与 Z 世代共同设计一个能推行下去的内部创业理念，或与他们一起向现有理念发起挑战。

同时，对数字工具的选用保持开放性态度。如果公司能为员工提供至少两种不同的渠道，则会收到更好的效果，因为这样会更方便他们在公司内部发展创新和交流思想，无论是在线白板软件、影音播放器、聊天软件、消息应用程序还是设计—思考—工作坊，抑或选用其他能够单独进行展示的工具和平台。

为使一家公司的内部创业最终得到良好发展，需要组建一个多样化的项目小组。

再次，内部创业也需要有 Z 世代认可的激励机制。

其他世代眼中不那么重要的事情某种程度上正是 Z 世代追求的终极目标，尤其是可持续性，健康、个人发展或社会事务方面也格外重要。

公司吸引杰出人才和顶尖人才的最好方法是采纳并贯彻突破性想法，给雇员提供机会，让他们获得现有公司（母公司）的股份/股票，或按照自己的想法成立子公司，并获得股份。

令人惊讶的是，德国的公司和家族企业很少采用这样极为有效的激励方式。

奖金和休假并不是什么新鲜事，对数字原住民来说也是可取的，电动汽车也可以。对 Z 世代和他们的可持续利益来说，那些至今尚未使用的或以一种改良形式出现的激励措施也值得考虑。

例如，利用三重底线概念，公司能衡量出他们对经济可持续发展所做的贡献。这个概念将追求利润最大化的企业目标扩展到对生态目标和社会目标的关注。这个方法以可持续发展的三支柱模型为基础，也就是说，若想在任何领域实现可持续发展和长期发展，一个组织必须在追求社会目标的同时也兼顾生态目标和经济目标。

如果能从自己的想法中获得收益，然后将其平均分配到社会、生态和经济领域，就会形成一个明确的态势。参与其中的Z世代在选择未来的生态项目和社会项目时就会得到公司内外的财政支持，这就是吸引并留住Z世代的模式。

发展个性和挖掘潜力 这对Z世代来说至关重要。对此公司可承诺对成功者进行多样化的酬金激励。学校和培训机构很少讲授修辞学、身势学和辩证法的内容。Z世代希望自信满满地展示自己的想法。适当的辅导可作为对特殊想法和积极行为的奖励。例如，指导他们在社交媒体上树立或完善个人形象也是一种有效的激励方式，对公司来说具有双重意义。因为在推销本公司产品和服务的过程中所谓的企业网红变得越来越重要。同时，作为强化雇主品牌的形象大使，企业网红还能为企业吸引并留住人才。

一般来说，数字原住民格外重视对未来技能的掌握。在创业思维和创业实践以及编码过程中，掌握额外技能也是值得鼓励的。

我们的教育系统存在一些缺陷，造成了Z世代畏惧失败，害怕自己的所作所为会辜负家人和社会的期望。当然，从另一角度来看，这也意味着人才会有很大的机会从众多的竞争者中脱颖而出。从资深导师那里获得的自信、勇气以及正确应对失败的方法是非常宝贵的，尤其是当他们联系到那些看似可望而不可即的导师时更是如此。公司也要有良好的激励措施，例如与一位董事会成员待上一周，或为公司最成功的内部创业青年设立一个Z世代董事会。这个Z世代董事会与公司的董事会、管理人员，以及监事会和职工委员会定期进行交流。这不是单向的能力培养措施。因为在与Z世代合作的过程中，我们总能体会到反向指导也在增强年长一代的能力。

身体健康和心理健康　身心健康对Z世代具有举足轻重的意义。令人意外的是，很多公司至今还没有为这些数字原住民提供富有吸引力的激励措施。如果公司能够在每年的预算中设立一项心理辅导师费用，为员工提供心理健康指导，一定会让员工们非常感激。作为一种激励方式，公司也可以抽出10%的工作时间开展体育活动，或者拿出内部创业收益的一部分来扩充公司的健身设备。另外，奖励给员工家庭健身设备也是目前流行的激励办法，当然还可以为员工购买高质量的家庭办公家具，比如可调节高度的办公桌。

网络 这些数字原生代热爱网络，无论他们处于离线状态还是在线状态。在企业内部创业计划中还可以采取这样一项鼓舞人心的激励措施，那就是公司出钱建立或改善公司内部的 Z 世代网络，让他们身居海外时也能使用。

这给公司带来的好处是显而易见的。它能融合全球各地的不同思想，从而带来更多的内部创业机会。

还有，可别忘记为员工们的集体庆祝提供预算。

董事会联合 Z 世代对内部创业进行双重领导

如果受益者和等级管理制度阻挠或有意干涉 Z 世代的想法，那争取更多创新和可持续发展的全部努力都将付诸东流。

企业内部创业若想取得突破性成就，就需要有巨大的勇气和强烈的改变意愿，尤其像德国这样管理层人员年龄太大、男性太多、多样化形式太少的国家更是如此。

你知道以色列军队和整个以色列社会走向成功的主要秘诀是什么吗？

让我们看看这个全世界最具创新性的国家吧。这里只有850万居民，但他们所建立的初创企业数量是世界任何地方都无法比拟的。硅谷出色的公司多有来自以色列的创始人。他们的开拓精神源于以色列的军事制度：这个国家无论男性还是女性都要服兵役。18岁的士兵有义务向最高级别的军官报告制度中出现的任何错误或缺陷。这个现象在丹·赛诺（Dan Senor）和索尔·辛格（Saul Singer）所著的《创业的国度：以色列经济奇迹的启示》一书中有所描述。身负重任的决策者必须倾听这些建议。这个制度形成了一种纠错文化，促进不断完善和持续进步。这也影响了以色列人的整个职业生涯。

这对你的公司来说意味着什么呢？它意味着你敢于做此前无法想象的事情，最终处理好长期未能解决的创新难题。

如何为企业内部创业设立单独的董事会机构或管理职位？答案是用双重领导方式！从Z世代和年长一代中各选一人。

与其他世代相比，Z世代显然在数字化方面具有更突出的优势。这样的双重领导促进并简化了专业合作、私人合作与沟通合作，可以进一步完善企业的创新文化，这些都是德语区国家迫切需要的。

我们正处于一场时代变革之中。在这个时代，如果我们能够积极与Z世代人才联系并让双方都很满意，那我们就能在竞争中脱颖而出。这个时代的企业内部创业者比以往任何时候都重要，我们必须抓紧时间去为他们创造合适的条件，让企业能够吸引并最终留住这些人才。

PART THREE

● 第三部分

行动篇

| 与 Z 世代合作重塑商业环境 |

CHAPTER SIX

6

第六章

与数字一代合作的倡议

Z世代群体的两极分化情况比以往任何世代都要严重，这让其他世代感到十分不安，甚至有些害怕，担心这些新生代会毁掉这个世界。其实，Z世代只是想按照自己的想法来重新塑造世界而已。

有一点可以肯定，这个现象促使企业主和职业经理们开始不断思考。面对这些变化，他们有一种山雨欲来的感觉，隐约觉得这将是一场重大的变革。因为在不久的将来，Z世代将成为职场和消费市场的主导力量。这就意味着企业一旦不符合Z世代的审美，就将很快被市场淘汰。

为了迎合这些即将担当重担的Z世代群体，企业不得不在很多方面调整自己的定位。其中要考虑的核心问题如下：

- 如何将Z世代人才招入麾下？
- Z世代有哪些突出技能？我怎样才能最好地利用他们的这些技能？
- 我怎样才能接触到目标群体？
- 什么样的环境才能让Z世代充分挖掘自己的创业潜力？

我们不能教条地将世代归类，因为即便我们在Z世代群体中发现了一些典型特征，相似的特征也有可能出现在其他世代之中。这也在情理之中，因为每个人都是个体，都是独立的，只不过，有些特征在这些1995年至2010年出生的Z世代群体中最为明显。

每个世代都有自己的成长背景，这也影响着他们对事物的看法。而我们身处的世界正面临着迅猛发展和巨大变化，因此，各个世代的价值体系也不尽相同。另外，这也可以解释为何世代间的时间跨度越来越短。不过，总体而言，无论哪个世代，在职场中都会越来越看重工作的意义、自由度和灵活性。这主要是因为随着社会的发展，繁荣程度越来越高，工作已不再是谋生手段。与其他世代相比，Z世代对那个雇主"强势"于雇员的年代并不熟知。因此他们也会更自然和自信地要求获得他们认为"本应如此"的权利。

我是怎样为自己的企业赢得 Z 世代人才的？

年轻人想有所作为，希望承担更大的责任，因而常常会抱怨自己不能大展身手。很多时候，他们满怀憧憬，最后却失望地发现自己被僵化的机制以及保守的力量束缚，仿佛这样一番景象：他们在赛道的起点已经开足马力，但是车却无法在赛道上全速行驶，因为路上或有坑洞（"我们对此没有预算"），或有障碍（"不要破坏我们的组织"）和刁难（"我们从未这样做过"）。如此这般，他们就或兴趣索然或渐行渐缓了。

这种情况如果出现在 Z 世代群体中就更危险。社交媒体会让他们不停地看到其他的选择和机会。他们边看着熟人或陌生人发的帖子，边羡慕这些人的机会。这样一来，迟早有一天，他们就会冒出这样的想法："为什么我不能这样做呢？"

此外，Z 世代还十分看重雇主企业的可信任度，以及他们对生态和社会责任的重视程度。工资待遇当然必须符合他们的要求，这一点毋庸置疑，不过，对于这些年轻人来说，工作的抉择绝非仅仅取决于钱。自我决定、职业前景、晋升机会和获得认可都是重要因素，此外，雇主是否具有改善世界的意愿在最近几年也成为他们的首要考虑指标。因此，那些注重可持续性发展的商业模式更容易成功。例如特斯拉，火速建立新工厂并生产纯电动汽车，对于年轻的技术人员和工程师来说，这样的工厂着实比使用柴油发动机的公司更具有吸引力。这些有着奇思妙想的初创企业在吸引人才方面之所以取得成功，是因为他们能够将现代的生活方式与可持续性紧密地结合在一起。

幸运的是，对于那些沿用传统商业模式的企业来说，它们也有很多接入点可以让年轻人相信他们的可持续性。但切记，可信度要比其他因素重要得多。Z 世代最鄙视的是"漂绿"。在环境问题上，如果企业在绿色的外表下隐藏着肮脏的伎俩，那么这些年轻人很快就会抛弃这份工作，同时也会抛弃这个品牌。是的，Z 世代会问一些敏感问题，而且还会仔细观察企业的内部情况。他们要确保自己的价值观和企业的价值观完全一致，而且彼此的关系也要对等。对于他们来说，入职的先决条件是彼此实现完美的文化契合。

在绝大多数行业中，一度盛行的是足够多的求职者获得具有吸引力的学徒资格或工作岗位。不过，那个时代已经一去不复返了。现今，如果没有聪明的头脑，特别是在MINT（数学、信息技术、自然科学和技术）领域，企业就很难推动创新。因此，你的企业也应该走在时代的前沿，在招聘方面也要有创新。在那个技术工人短缺的年代，员工与企业的关系不是从"员工体验"而是从"候选人体验"开始的。这种情况尤其适用于学徒，特别是在村县地区。当今社会，我们要面临的却是企业必须认真考虑在哪儿才能找到本公司潜在的求职者。这就意味着，曾经的雇主市场已经变成了雇员市场。作为雇主，我们完全没有必要自欺欺人，因为年轻人也知道这一点。

为了成功吸引Z世代员工，我们必须通过这些年轻人喜欢的渠道与他们进行沟通，并告知他们有关职业选择、空缺职位和企业概况的信息。在与他们交流时，需要一种全新的方法。对此，有很多种选择，既可以通过社交媒体上的公司网红，也可以通过TikTok平台上发布的有关企业内幕的真实见解。那些对游戏情景尚不熟悉的人，无法被看作娱乐业的重要组成部分。除了上述方法，还有其他的可能，当然所谓的书虫文化也在其中。

如果有人认为"书虫不适合我们的企业文化",那么我要告诉他,要注意员工的多样性,因为多样性在年轻人眼中可是加分项。多样性并不仅仅体现在专业上,还体现在性别、年龄和出身等方面。此外,还要特别关注这些新生代人群中的女性,要发掘她们的成果,还要树立榜样来促进这些女性的进一步发展。一般来说,没有谁会比来自同侪团体的人更具说服力了。如果你的公司聘用了来自Z世代的学徒或者职场新人,而且你对他(们)的业绩十分满意,那么可以让他(们)参与到你公司招聘信息的设计和面试,或者将他(们)作为其他(招聘)联系人来答疑解惑。

SUGGESTION

具体的实践建议

牢记一点：青年人才会在社交媒体上不断比较，同时，他们的职业选择标准也发生了巨大变化。你要清楚自己能为员工提供什么以及不能提供什么。然后，在此基础上再做平衡。

让这些人才自己近距离"感知"企业，会更容易让他们对你的企业产生兴趣。显然，质量比数量更重要。

与其在人员混杂的活动（如展会）中和大量人员建立联系，不如在某些企业活动中与少数相关人员建立个人联系。相关的活动有很多，比如"职场午餐"。

给予充分的自由。如果你想招揽到学徒工、职场新人，将他们正式纳入自己的麾下，你必须让他们有思考和行动的自由，让他们自己不断尝试。如果他们成功了，那么一切符合预期，超赞！反之，那就继续给他们机会，让他们吸取教训。无论是个人还是企业都可以在学习中不断发展。

SUGGESTION

无论是求职者选择入职企业时，还是员工决定留下来长期工作时，可持续的企业管理方法都是重要的参考标准。我们的建议是：培养优秀的员工，必要时改造你的企业。

Z世代有哪些突出的技能？我怎样才能让他们最大化地发挥这些特长？

在"一切皆有可能"的意识中长大的Z世代更热衷于实现自我和自由发展。对于他们来说，能够自己决定工作地点和时间是最理想的。而雇主们一方面因为提供的各种岗位以及自己的良好形象而受到Z世代的青睐，另一方面却因临时任务、频繁的加班而面临风险。对于年轻人来说，工作与生活的平衡以及业余生活明显比上一代人更重要。另外，他们对雇主的忠诚度也越来越低。其实，Z世代也愿意接受领导，但请不要"我告诉你要做什么，你应该怎么样"，而是要"我把你的才能从沉睡之中唤醒，我让你变得更强大"。

Z世代对领导能力提出了更高要求。下达任务和业绩评估已经远远不够。Z世代更喜欢被鼓舞和被激励，更希望领导能在他们解决问题时加以指引，更希望自己在工作中不断成长。Z世代笃信：出色的领导应该让员工未来可期，而不应是监工。总之，这些年轻人想要寻找的是导师和教练，不是传统的"上司"。

Z世代中也有一部分来自具有移民背景的家庭，与前几代相比，Z世代中这一群体的数量和比例都有所增加，约占求职者的三分之一，多在德国出生。这也意味着他们的父母或祖父母是在1945年之后来到德国的，多属于社会弱势群体，少有机会接受良好的教育，因此获得高薪职位的机会也相对少。不过，这一群体多具有坚强的意志和强大的抗压能力，这些品质也是企业走向成功的必备要素。只需接受更好的教育和得到更多的机会，他们的一些尚待挖掘的潜力就会被开发出来。

定期反馈有助于Z世代校正自己的预期及其对他人的影响。如果你认为年轻人喜欢被恭维和被吹捧，那你就低估了他们对看似不讲情面的实事求是的需求。Z世代希望被纳入卓越人才之列，希望自己变得优秀。这也是他们会花费很多精力总结错误并不断学习的原因。如果犯了错误，他们不希望将其掩藏。请你明确地指出他们的错误，不过，最好用一种同情和欣赏的方式来表达，他们自然会改正并不断发展和完善自己。

你对他们的工作进行指导的时候，也应该考虑到这一点。这些年轻人对指令非常敏感。他们想知道自己为什么要做这件事，你的要求有什么动机，谁会从中受益。

Y世代的代表在对多个世代的领导中作用巨大。一方面，他们更能接近来自婴儿潮一代和X世代的同事；另一方面，他们在年纪上与Z世代最接近，也最容易成为Z世代的同侪团体。

1990年左右出生的这代人可以缓和前几代人的意见和需求，并将其与Z世代的需求和预期相调和。

那些至今仍将多样性局限在性别差异和社会化背景方面的人应该进一步扩大视野，将代际合作划入多样性的范畴。多视角考虑问题可以显著地促进企业走向成功。如果不是数字化程度极高的Z世代，谁又能更好地促进线上创新的发展呢？这些数字原住民以不同的视角处理问题，还掌握了前几代人所没有的知识。因此，新老人的互动和合作经常可以催生全新的想法，这些想法的可行性可以通过市场进行验证。反向指导是获取Z世代所掌握知识的重要方法。

SUGGESTION

具体的实践建议

　　坚持公开和透明,打造企业的信任机制,加强企业文化建设。虽然这种"无所不谈"的形式有时会涉及一些令人不舒服的话题,但也可以让我们听到更多的见解,企业信息流也会更为通畅。

　　请开展指导计划!指导对企业和员工都大有裨益。借此,双方可以相互学习,可以了解到什么是对方看重的,什么可以打动对方。应该强调的是,Z世代擅长科技,擅长使用社交媒体,企业应该对此加以利用,将其用于自身发展。在此,反向指导的意义不容小觑。请让年轻的员工们担任导师的角色,请他们把自己的知识传授给年纪较长的员工。

　　积极资助具有移民背景的年轻人可以让双方都受益。被资助者有机会获得更好的职业前景,而资助者则可以直接接触到未来的人才。这也是吸引更多女性员工的一个行之有效的方法。

　　作为数字原住民,Z世代的成长环境使他们早已习

SUGGESTION

惯不停地交流和反馈。因此，他们总是想了解自己的状况，仅仅是年度考核与谈话是远远不够的。管理者应该评估他们的反馈文化，并适应这些年轻人的需求，这些要求公司在时间和具体做法上投入更多的精力。

人力资源部门应该让企业的管理人员重视 Z 世代并为他们提供相关培训。此外，要定期举办代际工作坊并做动员性质的报告等。

如何能接触到 Z 世代目标群体？

这个问题的答案是显而易见的。营销人员应该与 Z 世代交谈，让他们参与决定营销策略、选择渠道和接触潜在客户，而不是单单研究这些年轻人或者对他们评头论足。还没有多少公司敢于这样做。不过，让 30 多岁或者 40 多岁的人尝试复制这些青年语言也是强人所难。每一代人都有自己特有的密码、流行语或与某些词的关联，这些在每一代中都有所不同，这也是我们所说的语言塑造文化。在这一方面，各个世代之间的差异堪比不同民族文化之间的差异。

显然，为了在市场上取得成功，我们必须考虑这些差异。我们也应该认真对待新的流行文化，比如游戏，这些流行文化已经成为主流，代表着巨大的商业潜力。可以确定的是，我们无论与哪种文化打交道，尊重和宽容都是最重要的原则，对待代际文化亦是如此。

许多企业都在抱怨，它们无法再像接触千禧一代或 X 世代那样轻松地接触到这些年轻的 Z 世代目标群体。不过，如果考虑到渠道的数量在成倍增加，以及形式也发生了巨大的变化等因素，这也就不足为奇了。我们以前多是通过大众媒体来接触目标群体的，今天却必须潜入高度分散的市场之中。Z 世代是在数字媒体和电子设备中长大的，他们平均每天花费在智能手机上的时间约为 4 小时。同时，研究还发现，Z 世代的注意力持续时间大约只有 8 秒，明显要比他们的前辈们短。

然而，我们要考虑的不仅是如何能接触到这些年轻人，还要思考怎样做才能引起他们的兴趣。就连广告也要在他们日常使用的媒体上以他们喜爱的形式进行投放。也许年长的群体会对 TikTok 嗤之以鼻，但对于这些年轻的目标群体而言，TikTok 可是非常重要的媒介，TikTok 70% 的用户都属于 Z 世代，这些年轻人在短视频上投入的时间甚至超过了网飞！可以说，社交和移动优先的方法对Z世代来说是至关重要的。而我们则必须与目标群体同步，也要在他们流连忘返的地方驻足。我相信，无论是在社交媒体上，还是在节日里，很快就会有元宇宙沉浸式商业空间可以体验了。

Z世代乐于分享观点、经验和体验，还喜欢相互推荐产品和服务，我们可以对他们的这个喜好加以利用。从已有的各种研究成果中我们可以看到，超过一半的年轻人在购物时会受到网红的影响。因此，企业网红也可以借此发挥自己的作用，他们可以代表企业，塑造企业形象并推广和传播企业的价值观。

考虑到Z世代与数字化的密切关系，我们必须以不同于前几个世代的方式来对待这些年轻人。对于他们来说，数字世界与他们身处的物理环境一样真实。你也许不禁要问，老一辈营销人员为何如此谜之自信（或无知）？居然认为自己能够设计出令15~18岁的青少年喜爱的广告，让他们因此而购买产品和服务。在这里，我们要为他们能够听取子女的建议点赞！这正如男性开设售卖月经用品的商店一样，男性可以从他的伴侣处获知相关信息。

SUGGESTION

具体的实践建议

让年轻人参与到推广活动之中，让活动变得更加专业化。成功案例如古驰的"影子董事会"，还有雅诗兰黛的"首席执行官全球逆向导师计划"，在该计划中，千禧一代和Z世代与企业领导层共同工作。

根据渠道和目标群体调整内容和广告。画面比例设为9∶16；制作篇幅短、与他们喜好相关的视频并定期更新内容；要快捷地处理新平台的问题，同时要使用恰当的语言。

认真对待书虫文化和游戏市场并尝试开拓这两个领域。

为Z世代优化品牌和客户接入点，根据数据改进产品，使其适应这些目标群体的需求。将理念转化为数字化内容，让更多的受众可以体验。

与网红合作。网红是Z世代的榜样，他们有利于品牌推广，也能激发客户的购买意愿。

SUGGESTION

打造员工品牌。一家有1000名员工的企业可以动员全体员工齐心协力打造个人品牌。借此释放的力量是雇主品牌以及公司本身的市场营销所不能企及的。

什么样的环境能让Z世代充分释放其创业潜力？

科技的迅猛发展造成知识更新换代的周期越来越短。这种认知令Z世代之前的世代感到很难堪。他们清楚地意识到自己曾经引以为傲的学历以及学识不足以支撑自己在未来世界立足。

而Z世代就完全不同了。

与前几个世代相比，Z世代彼此间的教育差距仍在拉大。很多年轻人认为需要尽快补上自己在教育上的欠缺，而另外一些人则随遇而安，认为自己可以边走边看边决定。

Z世代知道，自己即便已经大学毕业或者完成了职业培训，在今后的人生之路上也仍然需要不断学习。特别值得注意的是，他们不想做重复性的工作。

Z世代知道需要弥补自身的不足。根据市场经济的规则，他们希望未来的雇主能够支持他们的职业和个人发展，比如提供辅导和指导，以及让他们有足够的时间完成继续教育。

他们希望自己能够参与进来，加入必要的社会变革之中。在他们看来，这些变革无疑要从他们的工作地点开始，也就是说，或早或晚地要从自己所在的企业入手。

即便没有太多经验也没有接受过创业教育，Z世代凭借积极的性格和对社交媒体的熟练运用也已经在创业的路上取得了一些成功。这些年轻人特别善于从极其有限的机会中获取很多自己想要的东西。

从某种程度上来说，Z世代是上帝所赐予的礼物，正是他们积极推动了经济的发展。

企业也许还没有意识到未来的成功要依靠这些年轻人，因为只有他们才有创新的想法，才能够将想法转化为产品，并最终推向市场，这也是他们在世界各地的同龄人所共同为之奋斗的。显然，这些年轻人知道这一点。但决策者们认为自己更了解一切，往往不愿意（认真）倾听他们的意见和建议。

因此，对于企业来说，需要考虑的问题不再是是否需要招揽这些Z世代员工。这些年轻人十分紧俏，正在成为社会的核心力量，这也正是他们所希望的。事实就是如此。企业要考虑的是如何最大限度地实现这些。

一种方法是Z世代成为自由职业者或者创业者。相关研究表明，这些年轻人乐于实现自己的想法，很多人希望成为企业家。但是，他们觉得从学校教育和培训中没能得到充分的给养，也正因为如此，大家不约而同地对现有教育持有批评意见。不过，迄今为止，他们的意见几乎还没有被听取。

这也是我们甚至连为Z世代做出些改变的想法都没有的原因。

从德国现有的教育体系来看，学生可以通过丰富的专业学习来获取知识。不过，学生的个人才能几乎未能从中有所提升。学分给学生带来的成效首先是卓越的成绩，之后，如果理想的话，还会在今后的职业生涯所取得的成就之中有所体现。不过，迄今为止，后者与学分既没有因果关系也没有系统化关联。我们可以确信的是，直到今天，学业所培养的多是用心的领导者和人力资源部门员工以及一些偶发的幸运者，他们愿意且能做的是按照雇主的要求，完成与自己的能力相符的工作。按照这种路径，这些青年人才的职业晋升要根据他们的执行力来进行考量，就是按部就班地等待，然后填补空缺职位。

考虑到未来所有人都要面临的挑战，我们不能再冒险了。

为了帮助年轻人和企业获得成功，我们需要探索新的方法和方向。这是一种这样的观点：通过学习将各个世代连接起来，让整个世界焕发活力。

如果企业想给予Z世代一些他们想要的和需要的，那就给予他们权力吧，放手让他们去做。企业可以先倾听这些年轻人的需求和意见，然后给予他们信心，让他们相信自己的才能。而这种做法需要一个完整体系，其中包括方法、环境、工具和内容。最适合的环境就是让他们能够选择自己喜爱的媒介，按照自己的节奏进行学习。数字化工具和设备可以让他们有成功的体验，同时还能提升他们的自信心。在内容方面，制作能让学习变得有趣、让Z世代变得独特的内容，好让他们得偿所愿。

这样，学习就又变得有趣了。然后就放手让这些年轻人去做吧。这些学徒和实习者很快就会成为高价值的企业员工了。

SUGGESTION

具体的实践建议

为Z世代的培训和再教育重新校正方向，要含有创业理念并提供创业路径。

积极支持Z世代和其他的青年人才。尽管他们可以从互联网上获取大量信息，但在走向成功的路上，他们仍然需要指引和职场网络。

将人才也纳入战略过程。在转型过程中，Z世代发挥着重要作用。比如数字化的下一个阶段——元宇宙，他们会引领技术发展和文化潮流，同时，作为明日的创业一代，他们所具备的能力正是我们需要的。

无论是大公司还是家族企业都需要一个一流的内部创业计划。由于Z世代能比老一辈人更早地发现有前景的市场、产品和服务，他们也有必要在企业的决策层占有一席之地，帮助推进内部企业家理念或者优化企业现有的理念。

谨以此书来解码Z世代。在本书的撰写过程中，我们不仅积累了许多宝贵经验，还收获了无数启示。在此，我们可以告诉大家：Z世代一点儿都不神秘。这也是我们完成这个精彩的项目之后得出的最重要的结论。

让我们认真听听Z世代的心声吧！